もっと人生ラクになるコミュ力UP超入門書

備瀬哲弘

集英社文庫

もっと人生ラクになるコミュ力UP超入門書　もくじ

第2章　自分にも相手にも、やさしく、心地よく
――良好な人間関係、大切なのはこの「距離感」

心地よい距離感のルール

心と体の休ませ方

もっと人生ラクになるコミュ力UP超入門書

はじめに

◎読むだけで心がぽかぽかあたたかくなる本
「人づき合い」にみるみる自信が湧いてくる！

私たちは、「コミュニケーション」や「人づき合い」で悩み、ときに落ち込むこともあります。

でも、大丈夫です。

本来、**コミュニケーション自体も、それによって育まれる人づき合いも、いずれも私たちに『チカラ』を与えてくれるもの**ですから、そんなに心配しなくても大丈夫なんです。

たとえば仕事で知り合った人でも、

「距離感のとり方がうまいよね。気さくに話しかけてくるけど、なれなれしくないし、返答に困ることは聞いてこないね」

という人もいることでしょう。いわゆるコミュニケーション能力（本書では『コミュ力』と呼びます）の高い人です。そういう人といっしょにいるときには、変に身構える必要がないので、安心した気持ちで過ごすことができます。

また、たとえば、子どもたちが通う学校の保護者の間で、

「とにかく人から好かれるのよね。いつ会っても本当に素敵な人！」

と、評判になるような人もいます。評判になるだけあって、確かにそういう人に会い、コミュニケーションをとってみると、不思議と気持ちが明るくなることがあります。これは、人づき合いがもたらすチカラのひとつでもあります。

また、困難なことが起こっても、

「あの人が一緒なら、きっと何とかなるだろう」

と誰かと協力し合うことで、ナーバスになりすぎず、前向きに対処していけるということも、人づき合いのもたらすチカラのひとつでしょう。

さらに、初対面のときから、不思議なくらい居心地がよくて、

「また会いたいな」

と、思える人もいるものです。

こういう人たちは、まず間違いなくコミュ力が高く、それが人づき合いに良い影響を及ぼしています。こういう人たちとは、ぜひこれからもおつき合いを続けたいと、ワクワクするような気持ちになります。

これからどんな「いいこと」が待っているのだろうかと、心躍るような期待感。

これもまさに、人づき合いがもたらす素晴らしいチカラではないでしょうか。

このように、良好なコミュニケーションを伴った人づき合いを通して私たちは、

「人とつながるっていいな」

と、心にポカポカとあたたかいものを感じることができます。

人づき合いとは、本来このように私たちを幸せな気分にし、やる気や勇気、希望といった大きなパワーを与えてくれるものなのです。

◇「いい人間関係」を楽しめていますか？

ただ、残念なことに私たちはよろこびやパワーを感じるような人づき合いばかりを経験しているというわけではありません。

「人づき合いは、どうも苦手だ」

「人づき合いで、気疲れしちゃって」

「どうも、あの人とはうまくコミュニケーションがとれない」

という声を聞くことがよくあります。

いや、どちらかと言うとこのように、「コミュニケーション」や「人づき合い」と聞いただけで、ため息をつく人の方が多いのかもしれません。

また、この本を手にとっているあなた自身が今、まさにそういう状況だという場合もあるでしょう。

多くの人が、多くの場合において、コミュニケーションも人づき合いもストレスになると捉えています。

コミュニケーションや人づき合いをストレスとして感じることが続くと、私た

ちは、

「コミュニケーションや人づき合いとは、大きなよろこびや、他には代えがたいパワーを与えてくれるものである」

という本質さえ忘れがちになります。

そうなると、さらにコミュニケーションや人づき合いはつらくなり、毎日の生活が苦しいことの連続と感じるようになります。それは、とても、とても残念なことだと思うのです。

◇「やさしい人」ほど心が疲れている

私は小さなクリニックを開き、町の精神科医をしています。そのため、心身のバランスをくずして受診しにくる方々からさまざまなお話を聞いています。診察でうかがうお話の中には、「コミュニケーション」や「人づき合い」についての悩みも多くあります。いずれの状況も、とても大変そうです。

私たちはそれぞれに**個別の事情**を抱えています。

生まれ持った性格、育ってきた環境、これまでの人生で出会った人たちから受けた影響、そして仕事や家庭など今現在の環境や、さらにはその日の機嫌や体調という、それぞれの事情の中で、誰もが精いっぱい毎日、生活しています。

まさに置かれている状況は十人十色ですが、はっきりと言えるのは、「コミュニケーション」や「人づき合い」に悩んだり、傷ついている人は、どの人もとても真面目で、他人に気をつかい、自分より他人を優先する、心優しい人たちばかりだということです。

ただ、真面目で優しいからこそ、コミュニケーションでも、人づき合いでもがんばりすぎて、自分に我慢ばかりを強いているように感じられることが少なくありません。

「こんなこと言うと、自分勝手だと思われるんじゃないか」
「コミュ力が低い自分が、きちんと上手に話ができるだろうか」
「自分のせいで不愉快な思いをさせていないだろうか」
という具合に。

そして、こういったことは、診察に訪れる方に限らず、私たちの誰もが日常的に経験しているものです。私たちも、普段から、

「もっとしっかりしなくては……」

と、生真面目さから、自分にプレッシャーをかけすぎてはいないでしょうか？

「自分さえ我慢すれば……」

と、他人を尊重するあまり、自分の気持ちを押し殺してはいないでしょうか？

さらに、心の中では苦しいと感じているのに、

「これくらいのことで苦しいと感じるなんて、自分が未熟だからだ」

と、自分を追い詰めてしまうようなことはありませんか？


これでは、自らをいじめているようなものです。

苦しいのにいたわれず、ひたすら我慢ばかりを強いているギリギリの余裕がない状態では、人づき合いにおいても優しさを他人に与えることは、難しくなります。


そうなると、元々人づき合いが与えてくれる、

「人とつながるっていいな」

という、心があたたかくなる、心地よい感覚を感じることもできません。〝コミュニケーションは苦手〟〝人づき合いはつらい〟という意識ばかりがさらに強

くなってしまいます。

◇「忘れていたこと」を思い出すだけでいい

「そうは言っても、どうすればいいのか……」

と不安になる方もいるでしょう。

でも、大丈夫です。

どうして大丈夫だと言えるかというと、元来、私たちにはあたたかい気持ちが備わっており、それは私たちがつき合う相手も同様だからです。

あたたかい気持ちを持つ者どうしがつながる「コミュニケーション」と、それにより育まれる「人づき合い」とは、そもそも私たちを幸せな気分にし、生きていく上で必要な大きな『チカラ』を与えてくれるものなのです。

赤ちゃんのころを考えてみるとわかりやすいかと思います。

赤ちゃんのころには、人づき合いの対象は主にお母さん（ここでは、生母に限らず、主な養育者は「お母さん」と述べます）でした。

もちろん、まだ言葉は交わせないものの、それでも赤ちゃんであった私たちは、お母さんとしっかりと心のつながりを持っていました。つまり、私たちは、お母さんに存在をあたたかく包み込んでもらい、癒やされていた状態にあったでしょうし、お母さんの方も両腕で私たちを抱きかかえあたたかい眼差《まなざ》しを注ぐときに、癒やされていたはずです。

ちなみに言葉は介していませんが、これも立派なコミュニケーションです。そして、これによって、**癒やし、癒やされる、という、これ以上ないくらいのつながりを持てていたのです。**

そうです。

もし、今、コミュ力が低いとか、人づき合いをつらいと感じていたとしても、私たちは、こういう風に、「元々コミュニケーションと人づき合いから大きなチカラを得ていたのだ」ということを**思い出していけばいい**のです。

だから、心配はいりません。

そういう**「コミュ力」**と**「チカラになる人づき合い」**を取り戻すために、日々意識して行なうことについて、整理していくこととしましょう。

心のバランスをくずさないような人づき合い。さらに、それだけにとどまらず、より健やかで、人と人とのあたたかいつながりを感じることのできる「コミュ力」アップと、「人づき合い」のコツを、本書を通してつかんでもらいたいと願っています。

なお本書で紹介するケースはいずれもフィクションであり、実在する個人を特定するものではありません。

第1章

なぜあの人のまわりには、いつも人が集まるのか

――人に好かれる「**話し方**」のルール

話し上手な人・話し下手な人

私たちは、「人に好かれる話し方」と聞いたとき、まず真っ先に身のまわりにいる話し上手な人たちを思い浮かべるかもしれませんね。

そして、その人たちと自分を比較しては、

「あの人のように上手な話し方ができれば……」

とか、

「何で自分は上手にできないのだろう」

と、悩んだり、落ち込んだりします。

そうです。

悩むきっかけは人それぞれだと思いますが、ただ、悩みの元になっている部分というのは、大体2つに集約できるのではないでしょうか。

まずは、その2点を整理してみることにしましょう。

「場を盛り上げるように話せない」という悩み

アイさん（30代、事務職）には2歳半の子どもがおり、産・育休を経て職場に復帰し1年半になります。復職後は、家事→保育園の送迎→仕事→送迎→家事……と常に腕時計を片目でにらみながら、目の前のことだけを必死にこなすという慌ただしい毎日を過ごしています。ただ、家庭と仕事を両立させるペースに慣れてくるに従って、充実感と満足感も覚えているそうです。そんな彼女は最近ちょっとだけ悩んでいることがあります。何かあったのでしょうか――？

アイさんは、保育園の保護者会に出席するたびに、「話し下手な自分」を痛感しています。

「話し下手」とは言っても、会で発言することには苦手意識もなく、他の母親たちに比べても遜色なくできるそうですが、会が終わり、子連れで出かけるファミレスや公園で、イメージ通りに話すことができないのだと言います。

場に溶け込んで、ニコニコと相づちをうつことはできます。しかし、いつも輪の中心にいるお母さんたちのように次々とみなに満遍なく話を振ったり、他人の話に反応してその場を盛り上げたりということが、うまくできないのだと言います。

これまで、話すことを苦手だと思ったことはないそうですが、「みんなみたいにもっと上手に話せないものかしら……」と悩んでいるそうです。

なるほど、なるほど。

確かに、彼女のようにまわりと比較して「うまく話せない」と思うことが私たちにはあります。

話し方についての悩みで多いひとつめは、この「うまく話せない」、つまり「次々と話題を提供する」とか「場を盛り上げる」とか、または「輪の中心にいる」というような話し方ができない、ということがあります。

ただ、「うまく話せないこと」を克服すれば人に好かれる話し方となるのか、ひいては本書で目指すところのコミュ力がアップし、人づき合いが楽になるのかという視点で検討することも、必要かもしれないですね。この点は後ほど考えてみたいと思います。

「沈黙が苦手」という悩み

チカラさんは40代の会社員です。人と話すことは子どものころから好きで、公私においてコミュニケーションで苦労したような記憶はないそうです。いつも明るく、また誰とでも屈託なく話せるため、飲み会や宴会では彼がいれば間違いなく盛り上がると社内では評判です。そんなチカラさんですが、2カ月前に上司が替わって以来、悩んでいることがあるとのこと。どうしたというのでしょうか――?

新しい上司は寡黙なタイプで、基本的に無駄なことはしゃべりません。ただ、チカラさんは、そんな上司との会話のペースが合わずに苦労しています。そのため打ち合わせ中にも沈黙に耐えかねて、

「……あの、どこかわかりにくいところがあれば、加えて説明しますが……。大丈夫ですか?……今回の件はですね、少し補足をすると……」

という具合に話し続けてしまうため、

「ちょっと、ちょっと！　今、考えているんじゃないか！　少し黙っていてくれないか」

と制されることがあります。話すことには自信があるものの、「沈黙は苦手なんだよなあ。どうすればいいのだろうか……」とチカラさんは悩んでいるのです。

なるほど、なるほど。

こういうことって確かにあります。

話し方についての悩みで多い2点めが、このように「沈黙があると不安になる」とか「間《ま》が空かないようにと、焦って話し続けてしまう」というものです。

ここでもやはり、沈黙についてどう考えれば人から好かれる話し方に通ずるのか、ひいては人づき合いが楽になるのか、という視点は必要かもしれません。これも後ほど整理していくことにしましょう。

人に好かれる話し方ルール①

「好かれること」を目的にしない

まず、「人から好かれる」ための一番大事なポイントを整理します。

それは、「人に好かれるようにしよう」とは考えないということです。

同様に話し方について整理していく場合にも、「人に好かれるような話し方をしよう」とは考えないということが一番大事なポイントとなります。


「人に好かれる振る舞い」と「人に好かれようとしている振る舞い」

または、

「人に好かれる話し方」と「人に好かれようとしている話し方」


この違いです。どうですか、わかりますか？

それは、「目的」と「結果」の違いです。

「人に好かれる話し方」という場合には、人から好かれることを目的にはしていません。しかし、結果として人から好かれるような話し方をしているということになります。

「人から好かれようとしている話し方」という場合には、人から好かれること自体を目的としています。

「好かれるために、こうしよう」「嫌われないために、ああしよう」というイメージです。

ただ、たいていの場合には、残念ながらこれで結果として人から好かれるということは、まずありません。

どうしてだと思いますか？

それは、「好かれよう」ということを意識すると、「こうしたら好かれるだろうか」と相手の反応をうかがうような「求める」モードになってしまい、相手を思いやる〝姿勢〟が崩れてしまうからです。

大事なのは、

「どうしたら、よろこんでもらえるだろうか」
と、考えたり、
「こうすれば、気持ちよく過ごしてもらえるだろうか」
と、気づかったり。

つまり**相手を大切な存在として尊重し、敬意を持って接するという〝姿勢〟**です。この姿勢が、本書で目指す「コミュ力アップ」のポイントでもあります。

基本的にこういう姿勢を保って対話をすると、私たちの思いやりは相手に伝わることとなります。

私たちは、**「自分を大切に思ってくれている」と感じられると、うれしいもの**です。

そして、それは、誰にとっても同じことです。

また、うれしく感じているときは、態度や表情に、声のトーンや口調に、よろこびが自然とにじみ出てきます。

相手の態度や表情に、よろこびを感じられたら、
「思いやり、気づかいを受けとってもらえた」
という、**あたたかいつながりを確かに持てた**ことがわかります。そうすると、

やはり私たちはうれしい気持ちになり、さらにあたたかい気持ちを感じるということになるのです。

そうです。

「人に好かれるようにしよう」とするのではなく、目の前にいる相手に対して思いやりを持ったり、気づかう姿勢を意識する。

このような姿勢が、結果的に「人から好かれ」、また「コミュ力がアップする」ための礎となるのです。

人に好かれる話し方ルール②

相手の話に〝１２０％〟集中する

「『相手を思いやり、気づかう姿勢』なんて、何だか難しそうだけど、自分なんかにできるのかしら？」

と、首を傾《かし》げている方がいるかもしれません。

確かに、心配になる場合もあるでしょう。

でも、大丈夫です。心配はいりません。

なぜなら、私たちには、元々あたたかい気持ちが備わっているからです。

このあたたかい気持ちとは、「思いやり、気づかう」姿勢に通ずるものです。

私たちは元々自分に備わっているものに気づいていくだけでいいのですから、心配ご無用、大丈夫なのです。

さて、相手を「思いやり、気づかう」ために、まず私たちは**人の話をよく聞く**

ようにしたいものです。

ここでのポイントは、「相手の話〝だけ〟に耳を傾ける」という聞き方にあります。


え？「いつも、そうしている」って？

そうですよね。確かに、そうかもしれません。

私たちは幼いころから、

「人が話をしているときには、相手の目を見て、しっかり集中して聞くように」

としつけられてきています。だからきっと、今までも目の前の人の目を見つめ、黙って話を聞くようにこころがけているでしょう。

でも、そうであったとしても、ここではちょっとだけ立ち止まり、これまでよりもしっかりと相手の話〝だけ〟を聞けるように整理してみましょう。

人の話を聞いているときの自分の様子をモニターしてみて下さい。

相手の話を聞きながら、同時に〝自分〟の心のつぶやきを聞いていることはありませんか？

どういうことか、少し具体的に考えてみましょう。

たとえば、子どもを公園で遊ばせながらママ友と話をしているとき、

「うんうん。そうよねえ。色々とあって、大変よねえ……」

と、笑顔で答えながらも、同時に頭の中で、

（本当にご主人に関する愚痴が多いわよねえ。いい人なんだけど、毎回だといい加減イヤな気分になっちゃうのよねえ……）

という自分の声を聞いていることはありませんか？


またたとえば、職場で上司から指導を受けているとき、

「はい。はい。なるほど、そうですよね。やはり、確認をしてもらってよかったです。そこまでは気づきませんでした」

と頭を掻《か》きつつ、

（しまった！　こんな初歩的なミス……。しかも、ひとつじゃない……。最近の俺ってどうかしているなあ……。ああ……自分が情けない）

という声を頭の中で聞いているようなことはないでしょうか？

どうですか？　このようなことって私たちには結構あるのではないでしょうか？

目の前にいる相手の話〝だけ〟を聞くというのは、〝自分の声〟に気づいたら、その都度いったんは丁寧に脇にどけておくようなイメージで、**自分の意識を相手の話〝だけ〟に戻していくという聞き方**です。

どうでしょう？　「人の話は今でもしっかり聞いている」と思った人であっても、普段からこういう聞き方をしているという人は、あまりいないと思います。

相手を思いやり、心のつながりを持ちたい、と考えたときにはこの聞き方にトライし、相手の話〝だけ〟を聞くようにしていきたいものです。この聞き方も、「コミュ力アップ」のポイントの一つです。

実は、**心の声とは**、例にも挙げたように、**他人や自分への非難や評価であること**が多いのです。そういう声を聞き続けると、イライラしたり落ち込んだりと私たち自身の気分に大きな影響を及ぼします。そうなると、余裕がなくなってしまい、目の前の相手への思いやりを持とうとする姿勢は崩れてしまうのです。

しかし、こうやって整理をしてみて、いざ相手の話〝だけ〟を聞こうと意識したとしても、気がつくと、ブツブツと頭の中でつぶやいている、ということも多いものです。

ただ、これは、私たちの誰もが無意識にしていることなのです。自分だけがうまくできないわけではありませんから、心配ご無用です。

私たちは、たとえ意識していたとしても、ついついつぶやいてしまうのだということを認識しつつ、**頭の中でつぶやいている自分に気づき、気づいたら相手の話だけに焦点を当てるように、再び姿勢を整える。**それを、繰り返し続けていこうという意志を保つ、ということが「コミュ力アップ」と「人づき合いが楽になる」ポイントになるのです。

人に好かれる話し方ルール③

「頭の中に湧き上がる声」はこんな〝つぶやき〟で打ち消す

先ほど整理したように、相手の話〝だけ〟を聞くように意識していたとしても、やはりなかなか難しく、私たちは自分の声も同時に聞いてしまうものです。

たとえば、その声が、

（それは大変だったねえ）

とか、

（とてもがんばったんだねえ）

という具合に共感を示すものであれば、目の前の相手と心がつながることに支障をきたさないでしょう。

しかし、その声が、

（えー？　何で、そんなことを言うの？）

とか、

（普通、そういう考え方はしないでしょう！）

という風に相手を評価し非難している場合には、支障をきたしてしまいます。

というのも、やはりそういう自分の声を聞いている場合、私たちはイライラしがちになりますし、何よりも相手を思いやることが難しくなるからです。

ですから、このようなときには、

（〝えー？　何で、そんなことを言うの？〟と思わせるような事情が相手にあるのかもしれない）

とか、

（何か事情を抱えて困っているため、〝普通、そういう考え方はしないでしょう〟と思わせるような振る舞いをせざるをえないのかもしれない）

と、頭の中に湧き上がる声に、つぶやきを重ねることで、その内容を修正したいものです。

早速、実際に取り組んでみましょう。

このように修正してみると、想像していた以上に気分は変わってくるのではないでしょうか？

つぶやきを重ねてみると、自分の心が少しポカポカしてくるように感じられます。

少なくとも、先ほどまで感じていたトゲトゲしい感情は消え去っているのではないでしょうか。

さて、つぶやきを重ねてみると、「もしかすると、相手は何か困っているのかもしれない」という考えも浮かんできます。

この、「何か困っていることはないだろうか」という眼差しで相手を見るということは、人に好かれる話し方をするための、また、本書で目指している「コミュニケーション力アップ」のための重要なポイントでもあります。

私たちには、そもそもあたたかい気持ちが備わっているので、困っている人を見ると、

(自分に何かしてあげられることはないだろうか？)

という考えが自然に湧き出てきます。

この考え方こそ、思いやりの根幹をなすものですから、そういう眼差しで相手

を見つめ、話をしていくと、その相手には私たちの思いやりがじんわりと伝わっていくことでしょう。

そうすると、

「話をしてよかった。聞いてくれてありがとう」

という、予想外のお礼の言葉を受けとることもあるかもしれません。

＊『話し方』に関する2つの悩みを、『人に好かれる』視点で整理すると……

ここまでのルールを見直してみると、「人に好かれる話し方」というのは、心がしっかりとつながるべく、あたたかい気持ちを他人へ向ける〝姿勢〟がポイントになるということが整理できました。

そうだとすれば、普段私たちが耳にすることの多い、「どういう話し方をするか」とか「沈黙をどうするか」ということの重要度は高くないのです。

「話し方」や「沈黙」は、対話をする上で確かに重要なポイントではあるにしても、そもそも「心の姿勢」をどうするのか、という点がしっかりしていないと、単なる小手先のテクニックに終始してしまうでしょう。つまり、「人に好かれる」ためには意味をなさないということになります。また、「コミュ力アップ」にもつながりません。

ですから、私たちは、他人と向き合うときの〝心の姿勢〟について、さらに整理を続けていくことにしましょう。

人に好かれる話し方ルール④
アドバイスをしない

繰り返しますが、「何か困っているのかもしれない」という風につぶやきを重ねながら相手の話を聞いていくと、

（自分に何かしてあげられることはないだろうか？）

という思いも湧き出てきます。

この自然に湧き出る思いは、自分自身でも**しっかりと味わうようにしましょう。**

というのも、

「ああ、自分にも、やはりあたたかい気持ちは備わっているのだな」

と思えるからです。そして、そう思えることで、**自分への信頼感が芽生えてきます。**

自分を信頼できると、

「俺も捨てたもんじゃないいな」

「私は今のままでも大丈夫なのね」

と、安心することができます。

これだけを見ても、他人を思いやるということは、実は、自分自身に大きなメリットがあることなのです。

さらに、自信のある態度で他人に接すると、その相手も安心感を得ることができます。安心できる雰囲気に包まれていると、お互いに人づき合いが楽に感じられます。

さて、このように自信を取り戻していく過程にあっても、いやこのように自信を深めていく時機だからこそ、心にとどめておくべき注意点があります。

それは、「求められていないアドバイスはしない」ということです。

私たちは、

（自分に何かしてあげられることはないだろうか）

と考えているときほど、「自分は純粋な気持ちで相手を心配している。そんな自分が考えることは正しい」と思い込みがちです。そのため、

「あなたのために言うけど……」

と、アドバイスをしたくなる誘惑にかられてしまいます。

しかし、アドバイスとは、どれほど純粋な気持ちで行なったとしても基本的に、「問題点や修正点を指摘する」

というメッセージです。

しかも、自分が正しいと思い込んでいるときには、そのアドバイスが「主観や自分勝手な評価に基づいているかもしれない」という謙虚な姿勢まで忘れがちになってしまうのです。

「あなたのためだから……」

と言われても、当の相手にとっては「大きなお世話だ」と捉えられかねません。

また、第三者の目には、「ありがた迷惑なお節介にすぎない意見だ」と映る可能性があります。

求められないアドバイスは行なわず、「相手はその人なりの事情を抱えながら精いっぱいがんばっているのだな」という風に想像してみましょう。

その上で、しっかりと話を聞いてみるのです。そうすれば、「自分にできること」、具体的には先ほども述べたような安心した雰囲気を提供するということを、十分に行なえているのだと認識できるでしょう。

人に好かれる話し方ルール⑤

「相づち」は「愛づち」、「合いの手」は「愛の手」

　さて、ここまで確認してきたように、相手の話だけに意識を向けて、しっかり聞いていくということは、ひとつの「思いやりの表現」なのです。

　そのため、それだけでも相手の気持ちは十分軽くなりますし、心のつながりを持つことができます。

　でも、中にはこう考えている方がいるかもしれません。

「つながりを持てているとは言っても……。私が勝手にそう感じているだけで、相手にはそれが伝わっていないかもしれない……。そう考えると何だか寂しい気もするなあ」と。

　なるほど、なるほど。

　確かに、他人の心は見えませんから、自分の思いが本当に伝わっているかどうかをはっきりと知ることはできませんし、そう考えると寂しい気持ちになることがあるかもしれません。場合によっては、できるだけ目に見える方法で思いやりを表現したくなる状況があるかもしれません。

こういうときには、よい方法があります。これは、他人の話を親身になって聞けているときに、私たちが無意識に行なっているものですが、ここでは普段よりも相手とのつながりを意識して行なってみるようにしましょう。

その方法とは、

「うん、うん」
「そう、そうだよね」
「わかります、わかります」

という具合に、相づちをうち、合いの手をいれるということです。普段から自然に行なっていますよね。

相づちと合いの手は、話の文脈にしっかりと沿って行なわないと間が抜けたものになってしまいます。そのため、必然的に話をより集中して聞くようにもなります。

さらに、ここでは自分の思いやりや気づかいを伝えていくために、私たちは頭の中で**「愛づち」**をうち、**「愛の手」**をいれるという風に心の中で文字を変換するようにしたいものです。

この変換作業だけでも、私たちの心はあたたかいもので包まれる感覚を持つことができます。心があたたかいもので充《み》たされてくると、不思議なもので、つい先ほどまで、

「私の気持ちが相手には伝わっていないかもしれないから、寂しい……」

と心配していたのが嘘《うそ》のように、穏やかな気持ちに置き換わっていることが実感できるでしょう。

それでも、やはり相手があることですから、どれほど私たちが心をつくしたとしても、期待するほどうまく伝わらない可能性はあります。

しかし、**それはそもそも私たちがコントロールできることではない**のです。

コントロールできないことを思い煩い、孤独感を募らせるよりも、私たち自身にしかできないことに集中して、なるべくあたたかい気持ちを感じられるように心の姿勢を整えたいものです。

私たちの心があたたかいもので充たされているならば、それは結果的に相手も必ず感じてくれますし、もし万が一、それが困難な場合には、ルール③を思い出し、

「今は何か相手にしかわからない事情があって、私の思いやりがうまく伝わらないみたいだな」

と考えるようにしたいものです。

人に好かれる話し方ルール⑥

「顔色をうかがわないこと」が自分も相手もラクにする

評価を気にしないで話す。これは、「機嫌をとらず話をする」「顔色をうかがわずに話をする」と言い換えることもできますね。

私たちは、相手を不快にしないようにとご機嫌をとったり、顔色をうかがったりすることがありますが、**実はこういう態度は逆効果**なのです。

というのも、こういう態度は通常、必ず相手に伝わります。立場を逆にして考えると、わかりやすいと思います。

私たちはご機嫌をとられたり、顔色をうかがわれると、「気をつかわせているなあ」と申しわけなく感じると同時に、**何だかとても窮屈な気持ちにもなります。**

この、私たちを窮屈な気持ちにさせているのは、**相手から向けられる期待感**です。それは、一種の**束縛**とも言えます。

つまり、こういう場合の期待感とは、

「機嫌をとっているのだから、上機嫌でいてね」

とか、

「顔色をうかがっているのだから、それに応えて笑顔で返してね」

とか。

このように、私たちの反応を一定の方向にコントロールしようとする性質があるのです。

相手の期待に応えようとするあまり、自分が感じていることを必死に抑えて振る舞っていると、それはストレスとなります。

そのため、

「あの人と話をすると、何となく疲れちゃう」

「顔色ばかりうかがわれてしまうから、気が抜けない感じがする」

となってしまうこともあるでしょう。元々は、相手を不快にさせないようにご機嫌をとり、顔色をうかがったのかもしれませんが、まったく逆の結果になるわけです。もちろんこれでは、「人に好かれる話し方」を実践することはできません。

こういうことを踏まえると、

「私は、○○と考えます」

「私は、△△だと感じます」

と、自分の考えや感情を、**「私は」を主語として話し、他人からの評価に対するおそれを気にしないようにしていきたいものです**。その上で、必要なときには、

「私は、こう考えていますが、もしよろしければご意見を頂けますか？」

「私は、こう感じたんだけど、あなたはどう？」

と、たずねてみましょう。こう聞くと、相手の意見は私たちへの評価ではなく、単に相手自身の考えや感情を率直に述べているにすぎないということがはっきりと認識できるでしょう。

「人から好かれる話し方」を意識している時点で、既に他人からの評価を気にしているとも言えますが、ルール①で述べたようにそれは目的にするものではありません。

目的ではなく結果として「人に好かれる話し方」をするために、私たちは**考えや感情をできるだけ素直に話す**、ということを意識したいものです。

人に好かれる話し方ルール⑦
「感謝の言葉」で締めくくる

対話の最後には、

「ありがとう」

と、感謝を伝えていきましょう。

相手の話をしっかりと聞けたときには、

「（心を開いて話をしてくれて）ありがとう」

自分の気持ちを話すことができたときには、

「（評価や非難で遮ることなく話を聞いてくれて）ありがとう」

心のつながりを確かに感じることができたときには、

「（あたたかい気持ちになれたことに）ありがとう」

ちなみに、（　）内は、私たちの心の声です。音声として発することはしなく

てもよいでしょう。ただし、この（　）内にあるようなことを頭の中でつぶやきながら、

「ありがとう」

と伝えることが、ここでのポイントです。

そうそう。時々、せっかく「ありがとう」という言葉を口にしているのに、視線をそらし、早口で、ぶっきらぼうな印象だけが残る場合があります。それは非常にもったいないです。

誤解しないでほしいのは、「人に好かれる話し方」をしていないということが〝もったいない〟のではありません。

自分自身があたたかい気持ちを感じるチャンスを逃してしまったことが〝もったいない〟のです。

それまでの会話がどうであったとしても、最後の最後に、あたたかい気持ちを感じながら、「ありがとう」と伝えることができれば、この言葉を通して相手とつながりを持つことができます。そうであれば、このチャンスをみすみす放棄することはありません。

幸い日本では、一連の会話を閉じるときに、

「ありがとうございます」

で締めたとしても、おかしな感じにはなりません。

それどころか、

「いえ、こちらこそ。ありがとうございました」

と、仮にそれまで白熱した議論を交わしていたとしても、とてもあたたかい雰囲気で話を終えることができます。

そうすると、やはり結果として、「あの人は、何だかいい感じだったな」という印象が残ります。

「ありがとう」と、あたたかい気持ちを味わいながら、感謝の気持ちを伝えることは、**人から好かれる話の締め方**、と言えますし、「コミュ力アップ」にもつながるのです。

第２章

自分にも相手にも、やさしく、心地よく

――良好な人間関係、
大切なのはこの**「距離感」**

心地よい距離感――一緒にいて安心できる人の秘密

まず、『距離感』と聞くと、みなさんはどういうイメージが湧きますか？

もちろん決して耳慣れない言葉というわけではないものの、しかし何だか実体がなく、つかみどころのないもののようにも感じられるという方が少なくないのではないでしょうか。

はっきりと意味を把握しにくい言葉であるにもかかわらず、それでも私たちはこの『距離感』が、良好な人間関係にとって、とても大切なものであるということは知っています。

日々、さまざまな人たちと接する中で、決して目に見えるものではないけれども、確かに私たちの間に存在している、この『距離感』。これはいったいどういうものなのでしょうか？

「適当な距離感は相手によってばらばら」という悩み

たとえば、ヒカルさん（21歳、女性）の場合はどうでしょう。

彼女は、ヘアケア商品等を扱うショップで３カ月前から販売のアルバイトをしています。そんな彼女は最近、女性店長から、

「お客さんとの距離感が近すぎるでしょう！　何で友だちみたいな口のきき方をしてるの？　年代が近くても、年下でも、お客様なのよ！　多分、不愉快に思っている方も多いわよ。この仕事向いていないんじゃないの？」

と叱られたそうです。

彼女自身にも思い当たる節があるようで、しきりに反省しています。

何か事情があったのでしょうか――？

ヒカルさんの働いているお店は、お客さんの年齢層が低く、ちょうど同年代ということで、入職したての彼女は逆に注意して丁寧語を話すように心がけていました。というのも、油断していると友だち感覚で話をしてしまいそうだったから

です。

実は以前、ヒカルさん自身が不愉快な思いをしたことがありました。彼女が客として利用する店に、やたらフレンドリーなバイトが入り、「はっきり言っときますけど私はあなたの友だちじゃなくて、客よ！」とキレてしまいそうになるほど、ムカついた覚えがあったのです。そのため、相手によらずお客さんには丁寧な言葉づかいを心がけていたのだそうです。

しかし、ある日、たまたま店を訪れた中年の男性オーナーが、ヒカルさんの接客している様子を見るなり、彼女をバックヤードに呼び出しました。

「君ねえ、あんなにご丁寧な接客をしていたら、親近感が湧かないじゃないか。距離感だよ！　距離感が遠すぎるよ！　せっかく年代が近いんだから、友だちに接するような感覚でいかないと！　ご丁寧にしているだけじゃあ、商品は売れないんだよ。頼むよ」

そのとき以来、ヒカルさんは意識的にタメ口で接客するようにしました。もちろんオーナーの注意を受けてのことです。

しかし、そうやって距離感の近い接客を意識しているうちに、今度は店長から注意を受けることになったのです。

「ちょっとやりすぎちゃったのかなあ……」

と、反省もしているのですが、ただ少し困惑気味でもあります。

「店長からは距離感が近すぎるのはよくないと叱られるし……、オーナーには友だちのように接しろ、と言われるし……。明日から、どうしたらいいのかな？」

ヒカルさんのケースのように、同じように接していたとしても、人によって「好ましく感じてくれる距離感」というものは、全く異なる場合があります。

親しく感じるが、近すぎて失礼にあたらないような距離感。
丁寧に接するが、遠すぎて冷たく感じられることのない距離感。

誰にとっても、特に接客業やサービス業では、大事なポイントかもしれません。

ただ、これを充たすには、おそらく他人からの評価ばかりを基準にしていては難しいかもしれません。他人からの評価ではなく、自分で設けたブレない基準を充たすよう人と接していくことで、クリアできるかもしれません。あとで整理していくことにしましょう。

「自分と相手の距離感が違う」という悩み

ゲンキさん（23歳、男性）はこの春入社したフレッシュマンです。2カ月間の研修を終えて、3カ月前に現在の部署に配属されました。彼は、ひと言で言うと朴訥《ぼくとつ》な人柄です。ただ、〝超〟がつくほどに真面目なため融通が利かない面もあるようです。

学生時代には空手部に所属しており、体育会系のノリは嫌いではないのですが、理不尽に感じることには真っ向から反発するため、先輩たちとうまくやっていけない面もあったようです。

そんな彼は、配属された部署でも早々、人間関係で混乱気味になっているようです。どうしたのでしょうか――？

「元々、人づき合いは得意じゃなくて、特に距離感を上手にとるということは苦手です。だからまず、配属後は、とにかく失礼のないように接しようと思っていましたから、敬語で話すことを徹底しました」

「そうしていたら、私の指導役の先輩から、注意を受けたんです。一緒に働くようになって１カ月くらい経《た》ってから、仕事帰りに飲みに行ったんですが、〝お前さあ、何か距離感が変だよ。妙に、遠いよ。敬語を使うのはいいけど、時間が経ってきたら、少し打ち解けた様子をみせてくれた方が、俺はうれしいかな。受け止め方は人によって違うと思うから、一概にそうした方がいいわけじゃないとは思うけど〟と」

「私は、距離感をはかるのは苦手なので、正直にそう話しました。その上で、アドバイスをお願いしました。その先輩は、〝お前の場合、基本、意識して丁寧に応対できているから、目上の人とか、上下関係に厳しい人には今のままでいいよ。でも、この人には少し打ち解けたいな、と思う人とか、気にしないでいい、と言ってくれる人には、たとえば喋るときの語尾だけでも変えてみるといいよ。ちょっと、くだけた感じにしてみるといいんじゃないかな〟と」

「でも、〝俺ならいい〟と言われても……。じゃあ、他の先輩とか、上司とか、一人ひとり違うとしたら、どうなるんだろうか……と。いや、つまり私のように距離感をつかむことが苦手な場合は、一人ひとりどうするか検討しないといけないから……。こんな大変なことはないな……と」

「苦手感があるせいなのか、人によってうまく距離感をとれ、って言われると、自分にはどうしていいかわからないのです……。先輩からは、私のような場合は焦ることなく、丁寧に一人ひとり、適当な距離感をつかんでいくしかない、と言われております……」

なるほど。

ゲンキさんのケースは、本人の苦手意識が強いため問題も顕著ですが、私たちが人づき合いにおける距離感で悩む場合、本質的にはこれと同じ問題を抱えているということが結構あります。

つまり、

・適当な距離感は、相手によって異なる。
・適当な距離感で接しているつもりでも、相手が適当と感じない場合もある。

ということで、私たちは悩むわけです。

ここで挙げたケースのように、実生活において私たちは「距離感」で悩むことがあります。

ただ、その一方で特に意識的に振る舞っていなくても、私たちはイイ感じの距離感で人とつき合えることもあるわけです。

だから、そういうイイ感じで人とつき合えているときに、普段は意識しないままに行なっていることを整理していくことにしましょう。

心配することはありません。

最初にお話ししたように、そもそも、人づき合いとは私たちにチカラを与えてくれるものですから、大丈夫です。

心地よい距離感のルール①

「距離感」は〝考える〟ものではなく〝感じる〟もの

これまで「距離感」「距離感」と言ってきましたが、そもそも「距離感」とは何でしょうか。どういう具合に定義づければわかりやすいでしょうか？

まず、この点をいっしょに考えてみることにしましょう。

さて、どうですか？　人づき合いにおける『距離感』の定義。うまく表現できますか？

改めて考えてみると、『距離感』についてうまく言葉で説明するのは難しいものです。

いくら考えても、なかなかの難問です……。

改めて確認するまでもなく、『距離』とは違い『距離感』には〝感〟がついています。

『距離』であれば、

「物体Aと物体Bの間の距離は2メートルある」

という風であったり、

「マラソンは、42・195キロメートルという距離をできるだけ速く走る競技だ」

という具合に、はっきりと測定できます。しかし、そこに〝**感**〟がついた途端にまったく意味が異なる言葉になります。

たとえば、

「〝親しき仲にも礼儀あり〟という具合で、あの人は距離感をはかるのが上手だよね」

という感じであったり、

「あの営業の人かぁ。説明はうまいけど、距離感が近すぎるから、こっちが引いちゃうんだよなあ」

という感じでしょうか。ここで、〝感じ〟と述べたように、つまり**『距離感』とは私たちが〝感じる〟しかないこと**であると言えるのでしょう。そうであるからこそ、私たちの誰もが重要性は認識していても、説明や定義づけが難しいものなのでしょう。

人づき合いにおける距離感とは〝感じるもの〟である、という認識で整理していくことにしましょう。

心地よい距離感のルール②

「このシグナル」が迷ったときの判断基準

さて、ここではその〝感じる〟しかないものについて整理していきます。

〝感じる〟しかないというと、曖昧な雰囲気さえしますが、ただ、ここで整理する目的自体は「コミュ力アップ」と「良好な人間関係のため」ということで、幸いとてもはっきりしています。

私たちが〝感じて〟いくもの。それを〝感じる〟と良好な人間関係につながるもの……。

そうなんです。

これまでに何度か出てきましたが、それは〝あたたかい気持ち〟なんです。

感覚的には、胸が〝ポカポカする〟ような、全身が〝あたたかくなる〟ような、そんな心地いい感覚です。それは、相手を思いやり、気づかう姿勢を保つことから得られるものでした。

この、あたたかい気持ちを感じながら接していると、それは相手にとっても心地いいものとして伝わっていきます。

例として紹介したヒカルさんも、ゲンキさんも、主に言葉づかいの面から距離感について考え、それぞれに悩んでいましたよね。私たちも、相手との距離感を意識するときは、語尾や言葉づかいを気にすることが多いものです。

ただ、実は私たちが気を配るべきはそこだけでなく、やはりどういう〝心の姿勢〟を持って相手に接しているか、ということの方が重要です。

人間関係における距離感とは、私たちが〝感じる〟ものでもあり、同様に相手にとっても〝感じる〟しかないものです。相手に感じてもらうのは、〝あたたかい気持ち〟つまりは「安心感」なのです。

たとえ語尾や言葉づかいは適切でも、〝あたたかい気持ち〟を感じてもらえなければ、決して〝いい距離感〟として受けとってもらえることはありません。しかし、私たち自身が、あたたかい気持ちを感じるよう努めていると、目の前の相手は安心を感じることになります。その場合、少しくらい言葉づかいで気になる面があったとしても、

「いい感じの距離感だな」

と、思ってもらえることでしょう。

こういうことを踏まえて考えると、この〝あたたかい気持ち〟こそ、私たちが、

「この人との距離感って、これでいいのかな？」

と迷ったり悩んだりしたときにも、判断の基準になります。

たとえ、距離感で悩んだとしても、自分が〝あたたかい気持ち〟を保つべく姿勢を整えることができていれば、大丈夫。その距離感は決して間違っていない、という具合に考えていくようにしたいものです。

心地よい距離感のルール③

人を〝平等に〟扱わない

近づきすぎず、離れすぎず。

それぞれの人との距離感をほどよいものに保っていく上で大事なことって何でしょう。

「空気を読む」

「わがままを言わない」

「相手の立場をわかってあげる」

なるほど、なるほど。

そういうことはとても大事です。いずれも重要なポイントだと思います。

ただ、せっかくですからここではもう少しだけ考えてみましょう。

確かに、ここで挙がったことを念頭に置いてコミュニケーションをとり、人づき合いをするのはとても大事です。ただ、こういうことを踏まえていくにしても、まず基本として私たち自身がしっかりと認識しておくこと。これを頭に置いておくと人づき合いを楽に感じる可能性が高くなること。

それは、

「それぞれの相手と自分との、人間関係における〝距離〟を知っておく」

ということです。

ここでは、距離感ではなく〝距離〟です。

どういうことかと言うと、私たちが、他人との距離感で悩む場合、そもそも、その相手と自分とは、人間関係上どういう距離にあるのか。また、私たちはその相手とどういう距離でつき合いたいと望んでいるのか、ということがはっきりしていないか、考えたこともないという場合がとても多いのです。

たとえば、私たちは年に数回しか言葉を交わさない相手のことを「友だち」と呼ぶことがあります。そして、毎日行動を共にしている相手も「友だち」と呼んでいます。

そのためもあるのか、両者を自分の中では同じような距離にある人物として、知らず知らずのうちに混同してしまうことが起こります。

でも、落ち着いて考えてみると、年に数回話をする人と、毎日いっしょに行動する人とは、同じ「友だち」であったとしても、私たちとそれぞれの「友だち」との距離、換言すると、重要さは違うはずです。もちろん、何らかの事情で現在は年に数回話をするだけだけど、その友だちは他の誰よりも重要な人物であるという可能性もあります。

そういう可能性も含めて、ここでは、〝重要さの程度は相手によって異なるはずだ〟ということを確認しておきたいのです。

もちろん、この「友だち」の例だけではなく、家族、親友、親友以外の友人たち、顔見知り、仕事上でつき合いのある人たち、親戚、いわゆるママ友、ご近所さん……といったように、私たちは色んな人々と相応の関係を持ちながら生活をしています。そして、相手によってどういう距離をとっていきたいか、どういう距離でつき合うべきなのか、ということは異なるはずですし、また違って当然です。

そうであるならば、相手に応じた『距離』、つまりは『重要さの程度』をしっかり認識しておくことは大切なことなのです。

この、相手によって異なる適切な距離を意識していないと、そこまで重要ではない、つまり距離が遠い人が発した何気ないひと言を割り切ることができず、何週間も気に病んでしまったり……。

そうかと思えば逆に、重要な相手、つまり距離が近い人とのコミュニケーションのずれについては、「何とかなるだろう」と放置してしまい、結局どうにもならない事態にまで悪化させてしまったり……。

こういうことは、実は私たちの身のまわりに結構多い問題なのです。

ですから、まず、

「それぞれの相手と自分との人間関係の距離を知っておく」

ということは、とても大事なことになるのです。

心地よい距離感のルール④

「いっしょ」が楽しい人、「ひとりでいる」のが楽しい人

つき合う相手によって異なる「心地よい距離感」を把握しておくことは大事です。そして、それと同時に「心地よく感じる距離感は人それぞれ」ということを認識しておくことも大事です。

ちょっとわかりにくいかもしれないですが、どういうことかと言うと、まず前者は『相手が心地よく感じる距離感』を可能な限り知っておくように努めることが大事である、という意味です。

そして後者は『相手が心地よく感じる距離感は〝相手の領域に属する問題〟』であると捉えて、割り切るべきところは割り切るようにしていきましょう、という意味です。

これらを理解することが重要である理由は、それは、私たち自身の「安心感」につながるからなのです。

『相手が心地よく感じる距離感』というものに無関心な場合、まったく悪気はないのに、

「なれなれしいわねえ！」

とか、

「あんなに冷たい人だとは思わなかった」

という風に思われて、関係性を悪くする可能性が高くなります。そうなると、その後の人間関係に不安を抱く可能性も高まるでしょう。

そして、『相手が心地よく感じる距離感は相手の領域に属する問題』、つまり**私たちがコントロールできるものではない**、ということを認識していない場合、思いがけず相手が不快そうな反応を見せた場合に、あまりにもそれを気に病んでしまい、その後の人間関係に不安を抱き続けてしまう可能性も、これまた高まります。

ここまで整理してきたように、やはり、私たちは安心感を得ているほど、それ

は相手へ伝わり、結果として良好な人間関係を築きやすくなりますから、私たちが不安を感じる要因はなるべく少なくしていきたいものです。

たとえば、飲み会や宴会が大好きで、ひとりで食事をするような状況はとてもじゃないけど耐えられないほど寂しく感じるという人がいる一方で、飲み会に参加しても、人の輪から少し離れてそれを眺めている状況の方が落ち着けるし、宴会でワイワイ喋りながら酒を酌み交わすことなんて緊張の連続でちっとも楽しめないという人もいます。

繰り返しになりますが、これは生来の個性であり、それ以上でも以下でもないのです。

宴会好きな方が社交的で明るくていいというわけでもありません。

また、ひとりで落ち着いて食事をとることを好むのは、暗くてつまらない人間だということでもありません。

『楽に感じられる距離感は、人それぞれで、善《よ》し悪《あ》しではない』ということを、私たちは認識しておくべきなのです。

先に挙げたヒカルさんとゲンキさんのケースと同じような問題で悩む人は、この『楽に感じられる距離感は、人それぞれで、善し悪しではない』ということを**再認識する**だけでも、心が軽くなるでしょう。

つまり、楽に感じられる距離感とは、**それぞれの価値観**なのです。そうだとすると、**どう工夫しても相手の好みにマッチできない可能性は出てきます。**

そうです。

そう考えて、ある程度割り切ることが必要です。そうできれば、私たちは人づき合いにおいて、安心感を取り戻せることになります。そうすると、相手も変に身構えないですむ雰囲気を感じとり、結果として、人づき合いが楽になることにつながっていくのです。

心地よい距離感のルール⑤

どうしてもウマが合わない人とは、「自分」を優先する

私たちには、それぞれにとって心地よく感じる距離感というものがありますから、自分が不快と感じることを必死に押し殺してまで、他人にとって心地よい距離感をとるべく心を砕く必要はありません。

この点は第4章でも述べますが、相手の感じ方は基本的に〝相手の領域に属する問題〟です。ですから、私たちがどれほど心を砕いても、心地よく感じてもらえない可能性はあります。

その点を理解して、あまりにも過度に相手の感じ方を気にしないように気をつけたいものです。

また、自分が不快と感じている気持ちには目をつぶり、つまり自分を犠牲にして振る舞うと、やはり「我慢しているのだから、その見返りがほしい」という気

持ちになりやすくなります。つまり「求める」モードです。

それだとどうしても他人から「何かを得る」ことに焦点があたってしまうため、いつまでたっても私たちの心が〝あたたかい気持ち〟で充たされることはないでしょう。

自己犠牲に偏ることなく、相手を思いやることができれば、そういう心づかいは必ず相手にも伝わります。また、同時に私たちもあたたかい気持ちで充たされてきます。

ですから、上手な距離感を意識して人とつき合うという場合にも、私たちの中にあるあたたかい気持ちを感じることに焦点を当てて、それぞれの人との距離感をはかっていく、という風に心がけることが重要なのです。

心地よい距離感のルール⑥

他人の心に〝不法侵入〟していませんか？

「どうしてあの人は、あんなことを言うのだろう」

と、思うことってありませんか？

こう思っている場合、人間関係は、あまり良好とは言えません。

こういう場合、〝あの人〟のことを思い出し、プリプリ腹を立てているか、もしくはあきれて蔑んでいるような様子が思い起こされます。

いずれにしても、決してうまくはいっていないときの私たちのセリフです。また逆に、

「どうしてあなたって人は、こんなことを言うの？」

と、他人から言われてしまうこともあることでしょう。

こういう場合にも、相手は私たちに対して憤りを感じている状況が思い浮かびます。理由や事情は何であれ、こう言われている場合の人間関係も決して良好で

はありません。

さて、他人からこう言われたことへの反応として、果たして私たちには、どのような考えが浮かんでくるでしょうか？

「どうして、こんなこと言うの？」――これは基本的には私たちのことを責めている言葉です。つまり、〝どうして〟という言葉を用いて一種の攻撃をしているのです。攻撃を受け恐怖を覚えると、私たちの反応は、〝闘争〟か〝逃走〟のどちらかになります。

ちなみに、これは、１９２０年代にウォルター・キャノンというアメリカの生理学者が説明している、人間も含めた動物に見られる反応です。

いずれの反応を選択するとしても、私たち人間は社会生活上は、

「そんな気はなかったのですが、気に障ったのなら申しわけありません」

と表面的に答え、心の中では、

「これから、この人とはつき合うことを避けよう」

と〝**逃走**〟を選択する場合があるでしょう。また、一方では、

「何で、あなたにそんなことを言われないといけないいんだ！　私が何を言おうと、私の勝手だろう！」

と〝闘争〟モードになる場合もあるでしょう。

このいずれの場合も、私たちは、あたたかい気持ちを感じることはできません。

私たちが〝闘争か逃走〟モードになっている場合、それと同時にあたたかい気持ちを感じることは決してないのです。と、いうことは、これは私たちの目指す〝良好な人間関係〟に通じるものではありません。

ここで述べた〝闘争か逃走〟モードは、先ほども述べたように攻撃を受けたときに生じる動物的な反応なので、この反応をなくすことはできません。そのため、人づき合いを楽にこなしていきたい私たちが目指していくのは、こういう状況になることを未然に防ぐということになるのです。

さて、ここでまた改めて考えてみると、そもそもなぜ私たちは、

「どうしてあの人は、あんなことを言うのだろう」

という風に考えるのでしょうか。

冷静に考えると、確かに、

「私が何を言おうと、私の勝手」

ですし、それと同様に、

「あの人が何を言おうと、あの人の自由」

ですよね。この点は、落ち着いているときには、すんなりと納得できることだと思います。それにもかかわらず、私たちは、

「どうしてあの人は、あんなことを言うのだろう」

と相手への評価や非難を行なったり、

「あんなことを言われる自分って……」

と悩んだりもします。これは、つまり、**自分の心理的領域に踏み込まれてしまっている状況**です。その結果自らの心を乱してしまうのですが、実はこういうことはかなり多いのではないでしょうか。

そう。ここで挙げたような状況となってしまう場合、その背景には、

〝私たちにはそれぞれの領域がある〟

という認識が薄くなっているという問題が挙げられるでしょう。

◇なぜ、やすやすと侵入を許してしまうのか？

〝それぞれの領域〟とは、たとえば家を例に挙げて考えてみるとわかりやすいかもしれません。私たちは、それぞれの〝物理的な領域〟と言える土地や家を、塀や壁で区切ることで、それぞれの領域が誰の目にもわかるようにしています。勝手に他人の領域へ侵入すると、罪に問われることにもなりかねませんから、そういうことは普通決して行ないません。

しかし、そういう私たちは他人の**〝心理的な領域〟には割と平気で侵入したり、また逆に侵入を許してしまいます**（ここで、侵入を許すとは、他人が自分の領域に踏み込んで行なった発言を気に病んでしばらくの間、悩み続けるような状況を指しています。そういう意味では〝気にしない＝相手にしない〟ということは自分の心理的な領域をしっかり守るための心の働きでもあるのです）。

さて、もう少し具体的に言うと、〝私の考え、私の発言〟は〝私の領域〟です。それと同様に、〝あの人の考え、あの人の発言〟は〝あの人の領域〟なのです。

私たちが人づき合いをする相手は、その信念や発言について、他人から批判や

非難をうける筋合いはないわけです。また、それは私たち自身にも当てはまります。それにもかかわらず、

「どうしてあの人は、あんなことを言うのだろう」

「どうしてあなたは、そんなことを言うの」

と、**お互いに、他人の領域に足を踏み入れてしまいがち**になるわけです。

そして、誰しも自分の領域が侵されると、やはり快く感じないのは当然のことですから、その人間関係は良好なものとはなり得ません。


相手には相手の、自分には自分の領域がある。そして、そこには基本的には侵入はしない。そして、侵入してしまいそうな誘惑に駆られたら、それに気づき、そういう考えを丁寧に手放していく。そのために、

「どうしてあの人は、あんなことを言うのだろう……。とつい思っちゃうけど、**それはあの人の自由な意見なんだよね**」

もしくは、

「どうしてあなたは、そんなことを言うの……。と、思われたとしても、それはあなたの自由ですし、それと同様に、あれは私の意見なのです」

という風に、心の中で言い直してみましょう。

実際にやってみると、これだけでもかなり気持ちは軽くなります。

そうなんです。

こう意識し、その都度自分に言い聞かせることは、あたたかい気持ちになり、適切な距離感を保つためにも必要なことなのです。

心地よい距離感のルール⑦

「土足で踏み込んでくる人」のさりげないかわし方

「おう、久しぶり。どう？　元気だった？　相変わらず、忙しいの？」

と、言われた場合と、

「おお、久しぶりですね。元気でいらっしゃいましたか？　相変わらず、忙しくしていらっしゃるんでしょうねえ」

と、言われた場合。

みなさんは、それぞれこのように話しかけながら近づいてくる相手として、どういう人を想像しますか？

なるほど、そうですよね。

前者の方は、相手が割と限定されます。とても近い距離の人が思い浮かぶはずです。そうでないと、なれなれしさを通り越して、失礼という評価を受ける可能性も多分にあります。

ただ、現実には、決して距離は近くないのにこのような話し方で近づいてくる人ってたまにいませんか？

たとえば、そう、まったく悪気はなさそうな、あの人です。人見知りせず、とても明るいし、少なくとも誰にとっても悪い印象を与える人ではないはずですが、ちょっと敬遠気味になるあの人です。きっと、みなさんのまわりにもひとりや二人いるのではないでしょうか？

この人のペースに合わせていると、先ほど説明した自分の心理的領域への〝侵入〟とまではいかなくとも、**無邪気に土足で上がり込まれているような不快感が続きます。**

そんなとき、私たちは、

「悪気がない分、なおさらタチが悪いんだよな。注意するほどのことでもないし……、もし注意すると器の小さい人間だと思われそうだし……」

とモヤモヤしてしまいます。これでは、あたたかい気持ちは感じられません。

こういう場合には、確かに直接的な指摘は難しいものです。でも、

「私はこういう距離感でつき合いたい」
という意思表示はぜひ行なうようにしましょう。

そうです。

相手へ気をつかい、不快感を我慢しているだけでは、それは伝わりません。こちらの希望する距離を伝えるために、丁寧語で答えましょう。

「おお、久しぶりですね。元気でいらっしゃいましたか？　こちらはボチボチですが、どうですか調子は？　相変わらず、忙しくしていらっしゃるんでしょうねえ」

たとえばこういう応答をすれば、普通多くの人は**こちらの希望する距離感に気づくはず**ですよね。ただ、たまに悪気なく気づかない人もいるんですよね。そういう場合には、不快感を我慢するのではなく、

「相手には、何か事情があって、こういう面に疎いのかもしれないな」

と、思い直してみるようにしましょう。

これも、実際にやってみるとわかりますが、大分気持ちが楽になりますし、それだけではなく、確かに私たちの中にあたたかい気持ちがあることも感じること

ができると思います。

ただ、私たち自身はよほど親しくしている相手でなければ、基本的には丁寧語で話しかける方が無難ですね。丁寧語で距離感を測ってみて、相手から、

「何だか、水臭くない?」

とでも指摘されたら(ちなみに、こう言ってもらえると、それだけで心はポカポカしてきますね)、修正してみるというようにしたいものです。

心地よい距離感のルール⑧
別れ際のこの「ひと言」が、お互いの心をグッと引き寄せる

ここまで見てきたように、人づき合いにおいて**距離感に配慮することは、それだけで他人に対する思いやりを持つことに**なります。

「相手も自分も共に心地よく感じられる、そんな距離感でつき合いたいな」と考えていろいろと工夫することは、相手への心づかいに他なりません。

そして、相手にとってだけでなく自分にとっても心地よい距離感とするべく意識すると、それは**自分を大事にしていくこと**にもつながります。自分を大事にすると私たちの心はあたたかくなり余裕が生まれてきますから、これまで以上に他人への心づかいを意識することも可能になるのです。

お互いの間を、〝あたたかい思いやり〟という目に見えない物体が行き来するかのように、心地よい循環が続くことになるでしょう。

そして一度でも、この〝あたたかい思いやり〟をやりとりしている感覚を味わうと、

「ああ、人間って、捨てたもんじゃないな」

とか、

「人づき合いって、何て素晴らしいのでしょう」

と、大げさでも何でもなく、こういう感動を覚えることもあるでしょう。

こういう感動を経験すると、病みつきになりますから、また同じような感覚を味わうために、「相手にとって心地よい距離感」を意識し、そのために「自分の心があたたかく感じられる距離感」となるようにさまざまな工夫をすること自体が楽しく感じられるようになるでしょう。

最後に、距離が近い相手でも、距離が遠い相手でも、心地よさを感じてもらうために意識するルールを紹介しましょう。

それは、**別れ際にひと声かける**ということです。これなら、日ごろからみなさんも行なっていますよね？

特別意識せずに、会社でも、スポーツクラブや趣味の集まりでも、

「お疲れ様でした」

「お先に失礼します」

「ありがとうございました」

などと声をかけあっていることだと思います。

そうです。

ここでは適度な、そして心地よい距離感を感じ合うことを意識してみましょう。

つまり、先ほども確認したように、ほどよい距離感とは、「相手への思いやり」によって成り立っています。そして、「思いやり」は、「私たちの中にある、あたたかい心」の一面ということができます。

そのため、ここでは普段から発している言葉を口にするときに、

「お疲れ様でした（お互いにとっていい距離感で一日過ごさせてもらいありがたかったです）」

「お先に失礼します（今度会うときにもいっしょにいい距離感をつくり上げましょうね）」

「ありがとうございました（おかげで、心地いい距離感を感じることができまし

た。またよろしくお願いします)」

と、カッコの中のセリフをかみしめながら別れ際の挨拶をしてみましょう。

そうなんです。

私たちが持っている思いやりの気持ちを自分自身が感じることができ、また相手には私たちが尊重しているという気持ちを示すことができます。

次に会うときにはこの別れ際の心地よさが自然に思い出されることになり、それはきっと、お互いにとって心地いい距離感というものをスムーズに思い起こさせるのだと思います。

第3章

出会いを活かす「上手な自分の出し方」

――また会いたいと言われる人になる
「初対面」のテクニック

緊張しやすいこんな場面《シーン》でも心がつながる秘訣《ひけつ》

「人づき合いは得意ではないけど、慣れた人とであれば何とか無難にできていると思います。でも、**初対面**だけはどうも難しいものですねえ……。その度に緊張して、ひどく疲れちゃうので、〝自分は、本当は人づき合いが苦手なんだろうな〟と、思っています」

と、こういう方は少なくありません。

そうですよね。

私たちは、人づき合いに限らず「まだ経験したことのないこと」には不安を覚えます。そのため、これまで会ったことのない人と対面するというときにも、**独特の緊張感を覚える**のです。

相手がどういう人なのかわからないため、

「自分の振る舞いが、変な印象を持たれはしないだろうか」

と考えたり、また、

「これから会うのは、いったいどんなタイプの人なのだろうか？　変わった人じゃないといいんだけど……」

と気になったりするのです。


お互いのことを知らないため、初対面のときには、

「会話が弾まなかったとき、息が詰まりそうな重い沈黙が続いてつらい」

という状況が起こりがちです。

また、こういう経験を踏まえて、

「とにかく、沈黙することは避けないと……」

と、考えることもあります。でも、こう考えると、

「とにかく、間《ま》が空かないようにしないと……」

「上手に雑談しなくちゃなあ……」

と、余計に緊張しますし、話そう、話そうとする余り、

「初対面なのに、ベラベラと喋ってくる、なれなれしい人」

とか、

「初対面にもかかわらず、踏み込んだ質問をしてきて、引いちゃったわ」

という風に思われてしまう可能性もあります。

そうです。

「初対面において許容できる関係」というのは、私たち個々人で異なるのです。

だから、〝沈黙するのはしょうがない〟と考えている人に話しかけすぎると、〝うっとうしい人〟と思われる可能性がありますし、〝できるだけ沈黙は避けたい〟と考えている人といっしょになったときに黙っていると、〝沈黙が長くて、息苦しくなる人〟と思われてしまう可能性があります。

いずれにしても、いい印象を持たれない可能性はどうしてもあります。

相手がどういう考えの持ち主なのかわからないため、初対面では相手の望みに即して振る舞うことができないのは、しょうがないことです。

でも、懸命に行動しているにもかかわらず、いい評価が得られなかった場合には、とても残念な気持ちにもなります。ただ、私たちはそういうときには、いや、そういうため息をつきたいような気分のときにこそ、思い出しましょう。

『初対面であっても、人づき合いは私たちにチカラをもたらしてくれるもの』

なのです。

「リラックスして人と話せない」という悩み

ツナグさん（30代、男性）は、人づき合いの悩みを抱えています。

大学卒業以来、現在の会社で勤務している彼は、その真面目さから取り越し苦労することも多く、いつも先々のことを心配しては緊張しています。

彼が特に緊張するのは人と会うときです。取引先の人はもちろんのこと、社内の人であっても、なかなかフランクに接することができないでいるようです。そのため、飲み会の席などで、

「ツナグさんはせっかくいい人なのに、あまりにもお行儀がよすぎて、こっちまで疲れちゃうよ。もっとカジュアルに接していいよ」

とからかい半分に言われることもあるようです。同僚からすると何の気なしに言っているにすぎないのですが、こういうことを言われると、真面目な彼は、

「他人に気をつかわせないように……。しっかり力を抜いて。しっかりリラックスして」

と、一心に〝リラックスすること〟を心がけるため、今度はそれがうまくできないことが気になり、さらに緊張してしまいます。

そんな彼は、ある日単身で出かけた出張先でタクシーに乗りました。

打ち合わせの時間にギリギリであったため、軽くパニックを起こしていたツナグさんは、慌てて車に乗り込んだはいいものの、不慣れな土地ということもあり、行き先を要領よく説明できずにアタフタしていると、運転手さんは、柔和な微笑《ほほえ》みを浮かべて言いました。

「大丈夫ですよ。ご住所は教えて頂きましたから、その情報で十分です。どうぞおくつろぎ下さい」

その何とも言えない優しい雰囲気に、ツナグさんは脱力して、後部シートに全身をあずけたそうです。

その後、30分ほどの移動の間中、彼は普段とは違う安らぎを感じていたそうです。

もちろん、運転手さんとは初対面です。それでも、毎日顔を合わせている同僚たちといるよりも、気楽に世間話ができました。普段より饒舌《じょうぜつ》な自分を感じたくらいです。

そんな彼の話に、白髪交じりの運転手さんは、

「あー、そうですかあ」

「へえー、そうなんですねえ」

「お仕事、大変なんですねえ」

と終始ニコニコしながら相づちをうってくれたそうです。それがよかったのかツナグさんは緊張をほとんど感じない時間を過ごせました。うれしかった彼は、降車時に、

「とても気持ちよく利用させてもらいました。どうもありがとうございます。近くに来ることがあったら、また運転手さんにお願いしたいと思います」

と、名刺をもらい連絡先も教えてもらったといいます。人見知りが強い彼にとっては、初対面の人とこういうやりとりができるのは生涯初のことです。

「俺もやればできるんだなあ」

とツナグさんは、少し自信を持てたのだと言いますが、その後から、

「でも、どうしてあの運転手さんとは初対面なのに、あれほど居心地がよかったのだろう……」

と考えているそうです。彼は、その理由がわかれば、他の人ともっと力を抜いて、少しでも楽にコミュニケーションをとったりつき合えたりするヒントにもなるんじゃないか、と思っているのです。

なるほど。確かに、こういうことってあります。

初対面なのに、それを意識させない人って確かにいます。

タクシーの運転手さんは、さすが初対面の人と接することに慣れていて、気をつかわせないようにすることが得意なのかもしれない、という風にも思えます。

しかし、すべてのタクシー運転手さんがこういう感じというわけではありませんから、ツナグさんが出会った運転手さんならではの、

「また、この運転手さんのタクシーに乗りたい」

つまり、

「この人なら、また会いたい」と思わせるコツを持っているのかもしれません。

この件は、あとで整理していきましょう。

「初対面の人と打ち解けて話すのが苦手」という悩み

さて、19歳のノゾミさんも、最近、初対面なのに落ち着けるという出会いを経験したようです。彼女はこの春入学した女子大生です。

まわりの友だちからは、

「誰とでも仲よくできて、うらやましいなあ」

と、言われているそうです。そういうとき、

「え？　そう言ってもらえるとうれしい！」

と、ニッコリ笑っているそうですが、彼女は意外にも人づき合いをとても苦手だと感じています。なぜなのでしょうか――？

いわゆる転勤族の家庭で育った彼女は、小学校の6年間で4回の転校を経験しました。幼いころ、活発でいつも笑顔を絶やさなかった彼女は、転校してもすぐに友だちをつくることができたそうです。がその反面、人から好かれる面が妬みを買うこともあり、陰口を叩《たた》かれたり一部の女子から無視されるなど、陰湿ない

じめを経験したことがあります。

この小学生のころの人間関係のトラブルが、彼女の中ではトラウマとなっており、それ以来〝他人から反感を買わないように〟と、控えめに振る舞うよう努め、他人のちょっとした視線や表情の変化にも一定の注意を払い続けているそうです。

そのため、学校生活は毎日が緊張の連続でした。中学校時代には、親友になれそう、と期待した友だちがいましたが、あるとき、雑談の中で、

「小学校のとき、いじめられている子がいたんだけどね……。その子って、いつもクヨクヨして、クラスメートの顔色ばかり気にしていて、みんなに媚《こ》びを売るようなうっとうしい子だったの。だから、私は、いじめって、いじめられる子も悪いと思ってるんだ……」

というその友だちの言葉を聞いてからは、自分もそう思われるのではないかと気になってしまい、仲よしの子とも一定の距離をとるようになりました。結果、打ち解けて話すことができる親友をつくれずにいるそうです。

このような経験から、できれば誰ともつき合いたくない、と思うこともあるくらい、人づき合いを苦手に感じています。しかし、大学に入学してひとり暮らし

を始めるにあたって、ノゾミさんは、

「大学生のうちに人づき合いが苦手なのを克服し、立派な社会人になる」

という目標を立てました。まずは、人と接する機会を多く持ち、慣れることを考えて、「イベントが多く、友人・知人が増える」とアピールしていたサークルの歓迎会に参加したそうです。


しかし、会場の居酒屋で彼女はすぐに後悔しました。お酒が入っている影響もあるのか、初対面なのにテンション高く話しかけてきたり、場を盛り上げようとしているのか、高笑いをしてはしゃいでいる先輩たちの姿に、自分とは〝異質〟な面を感じたのです。「人との接し方が、この人たちとは根本的に違う」と思うのと同時に、このサークルに入った場合、違和感を覚えられないようにと、まわりに合わせてテンションを無理に上げて、必死に明るく振る舞い続けるであろう近い将来の自分を重ねてしまい、

「ここにいると、ヘトヘトに疲れ切ってしまう……」

と、心配したそうです。もちろん、普段通り顔はニコニコして、不安げな様子はおくびにも出さないようにしていました。

会もお開きに近づいたころ、隣に女子の先輩が座りました。

「どう？　今日は歓迎会だからこんな感じだけど、いつもはもっと普通だから、そんなに心配しなくてもいいよ」

と、ニッコリとやわらかい笑顔で話しかけられ、〝そんなに心配しなくていい〟という言葉に、自分の心情を見透かされたような気がしたノゾミさんは少し驚きました。

「え！　あ、すみません……」

「ううん、大丈夫だよ」

その先輩はまたやわらかく笑い、そのまま穏やかに騒々しい会の様子を眺めています。話しかけてくるでもなく、ただ穏やかに微笑んで、横に座っています。

そういう彼女の雰囲気に何ともいえない心地よさと安心感を覚えはじめていたノゾミさんは、思い切って口を開きました。

「あの……。さっき、心配しなくてもいいよ、とおっしゃって下さいましたけど……。私、何か心配しているように見えたんですか？」

「ああ……。そんなことないよ。ずっとニコニコしていて、イイ感じだから、そんなことないよ」

「そうでしょうか」

「うん。でも、普通は誰でも、いきなりあんなテンションの高い人たちを見たら、ちょっと引くよねえ」

と、笑う先輩の言葉に、ノゾミさんは自分が〝普通〟と言ってもらえているようでうれしく感じました。先輩はニコニコしながら続けます。

「でも、ビックリした様子も顔に出さないで、ずっと笑顔でいるから、実は逆に緊張しているんじゃないかなあ、って勝手に思ったの」

「そうなんですか……」

〝やっぱり、気づかれていたんだ〟と、ノゾミさんはまたビックリしたようです。でも、同時にこのときは、そういう自分を受け入れてもらえそうな安心感も覚えました。それで、〝まだ初対面だから気をつけないといけない〟と頭の片隅で思いながらも、自分が人間関係を苦手だと思っていること、実はそれを克服するためにこのサークルに入ろうと思ったこと、を話しました。これまでのノゾミさんからすると、自分の内面を、初対面の他人に話すなんてとても考えられません。それが、このときはなぜか「話してみたい。自分のことを聞いてもらいたい」という気持ちが勝りました。それでも、話したあと、相手の態度が変わるのではないかと、ノゾミさんは気になっていました。

しかし、その先輩は、そんなノゾミさんの心配をよそに、それまでとまったく変わらない穏やかな笑顔を浮かべながら、「うんうん」とノゾミさんの話を聞いてくれたそうです。

そして、

「そうよねえ。人間関係って難しい面があるよね。でも、がんばって得意にならなくてもいいんじゃない？　私もぜんぜん得意じゃないけど、それも含めての自分なんだからしょうがないことだしね。まあ、必要最低限でいいや、と思っているのよ」

と、言いました。さらに、相変わらず大きな声で騒ぎ続けている人たちに視線をやりながら、

「ああやって、すごくテンションを上げている彼らもね、私たちと同じなんだよ。新入生に楽しんでほしいと思っているけど、どうしたらうまくいくかわからなくて、軽くテンパっちゃって、とにかくテンションだけは上げないと、と思ってああやっているんだから」

「ふーん。そうなんですねえ……」

ノゾミさんも、大声で騒いでいる人たちに改めて視線を向けましたが、先ほどまでとは違い、何だか少し親しみを覚えました。


〝苦手なことは何とか克服しなくてはいけない〟とばかり考えていた彼女には、この意見は新鮮でした。そして何よりも、初対面にもかかわらず話せる人がいるのだ、ということは、ノゾミさんにとって驚きでもあり、また同時に、「人と話をするって、何だかいいものだな」と久しぶりに感じる体験でもあったそうです。

その後、彼女は「あの先輩がいるサークルなら入ってもいいかもしれないな」「ああいう雰囲気の人になれたらいいな」と考えているそうです。


なるほど。

ノゾミさんは、よかったですね。

「人と話をするって、いいものだな」と、思える機会を持てたことは、やはりとてもよい経験をしたと思います。

「ああいう雰囲気の人になりたいな」と、思える人との出会いというのも、素敵なことです。

初対面なのに、〝話してもいいかな〟〝話を聞いてもらいたいな〟と思える人って、確かにいます。よく言われることではありますが、『話し上手より聞き上手な人になることが、コミュ力アップ、そして人づき合いが上手になるコツ』という面があるかと思います。

しかし、〝聞き上手〟になるためには、そもそも相手が話をしてくれることが前提になります。そのため、聞き上手になるというテクニカルなことだけを意識しても、なかなかそうなれない、という悩みを抱えてしまうのだと思います。

ではどうすれば、〝話をしたい〟と思われる人になれるのか……。

それについても、これから整理していきましょう。

初対面に強くなる秘訣①
「緊張している自分」を受け入れる

そもそも、初対面のときにはどうしても緊張をともないます。私たちは、経験したことのないことには、不安を覚えるものなのです。

ですから、「リラックスした雰囲気を醸し出したい」「そういう自分の雰囲気で相手も落ち着いてくれれば」と願っても、なかなか難しいのです。

そうであるからこそ、まずはそういう**「緊張している自分」を受け入れたい**ものです。

さて、この章に登場したツナグさんは、おそらく生まれついての特性として、人と接するときに緊張が強いタイプでした。

生まれついての特性というのは、もちろん善し悪しではありません。私たちにとってかけがえのない個性の一面です。それ以上でもそれ以下でもないのです。

ツナグさんのように〝元々緊張しやすい〟という人は、そういう自分に対して、「だから自分はダメなんだ」とか「緊張しやすくて人に迷惑をかけている」という評価や非難に基づいた心の声によって自分を傷つけることなく、そういう特性のある自分を受け入れるようにしたいものです。

また、ノゾミさんの場合は、彼女なりの事情としてトラウマがあるため人づき合いに苦手感を抱えていました。

そういう事情を抱えているのは、彼女に限ったことではありませんね。

私たちはそれぞれに、他人にはわからないし、また言いたくもないようなさまざまな事情があります。そういう事情による苦手感も、やはり緊張を生むことになるのです。

ノゾミさんのように、何らかの事情のために苦手意識を持っている人は、「いつまでたっても過去の体験を乗り越えられない自分はダメだ」とか、「苦手を克服できないとダメだ」と、今現在の自分を否定しないようにしたいものです。

誰にも言えない事情を抱えながら、環境に適応するために、その時々で考えられるベストな選択をしてきて、今現在の私たちがある——そういう風に考えてみませんか。

それなのに、〝ダメだ〟と心の声が自分を責めているというのは、あまりにもつらすぎます。だから、

「これまでの自分も、今の自分も、その時々で本当によくやっている」

という風に自分自身を認め、受け入れていきましょう。そうして自分を受け入れていくと、過去の事情もその人なりのプロセスを経て、またその人なりのタイミングで、乗り越えていくことができますし、苦手感も軽くなっていきます。

◇緊張するのは〝心理学上〟当たり前のこと

さて、緊張が強いとき、私たちは同時に安心することはできないので、できれば緊張するような状況は避けたい気持ちになります。ただ、仕事となれば避けてばかりはいられないので、

「緊張しないようにしなくては」

「緊張しないような性格になりたい」

と思うんですよね。

でも、私たちは、

「緊張しないようにと必死に念じても逆効果。できない自分に焦って頭が真っ白になった」

という経験をすることがあります。

緊張しているときに、

「緊張しないように……」

と、必死に願っても、もしくは、

「自分は緊張なんかしていないぞ……」

と、懸命に暗示をかけても、無理なんですよ。逆にリラックスした状態になれない自分に焦り、悪循環に陥ってしまいます。

人と会うとき、特に初対面のときに、緊張するのは自然なことです。

だから、私たちは、

「ああ、自分は今、緊張しているんだな」

とだけ思うようにしましょう。

実はこれは人づき合いの上でとても大事なことです。

私たちが人づき合いをするのは、人とつながるためでした。

つながりを持とうとする人が目の前にいるのに、頭の中で、

「緊張しないように……。でも、緊張してしまう」

「あがってしまっている……。ばれないようにしないと……。でも今日もダメかも……」

と別のことを考え、自分の中で必死に格闘していては、**目の前の相手と心のつながりを持つことが難しい**のは、想像に難くないですし、私たちの誰もが一度や二度は体験済みです。

いいんですよね。

そういう緊張をなくそうと格闘したり、緊張してなんかいないと否認したりすることなく、

「今、緊張しているな」

と、自分の状態を自分で受け入れることから出発しましょう。

やはり、「自分を受け入れる」というのはとても大事なことなのです。「受け入れる」ことができると、このあとに整理していく秘訣のすべてを実践できるようになります。自分を受け入れることができないと、秘訣をテクニックとして頭に叩き込んだとしても、表面的な真似《まね》ごとのような振る舞いになってしまい、『また会いたい』と初対面から思われることにはつながっていきません。

そうです。

まず、自分を受け入れましょう。

「緊張はしているけど、自分なりによくやっているよな。緊張していても、何とかなるんだよな。大丈夫だ」

と。そうすると、深い安心感を私たち自身に与えることができるはずです。

私たち自身が安心してさえいれば、初対面の相手であっても、その雰囲気は必ず感じてもらえることになります。

安心の雰囲気を醸し出している人といっしょにいると、私たちはとても心が穏やかになりますから、たとえ初対面であっても、

「なんだか、初対面とは思えない人だったな」

「また、会いたいな」

という風に思われることになるのです。

初対面に強くなる秘訣②

笑顔の人には〝人〟も〝ご縁〟もついてくる

自分自身を受け入れると、安心感が得られます。安心を感じている人は、自然とそういう雰囲気を醸し出しますから、まわりにいる人にも必ず伝わっていきます。

ただ、それでも、初対面のときというのはお互いに緊張するものです。

安心に努めつつも、すぐそのあとには、また緊張を感じ、それに気づくとまた安心に努めては、また緊張を感じるというような……。

その繰り返しですが、**安心した時間をなるべく多く持つよう繰り返していくことが大事**なことでもあります。

さて、この安心と緊張のサイクルを繰り返す中で、緊張しているとき、私たちはどういう状態になるでしょう？

まず、緊張していると、普段よりもまわりに気を配る余裕がなくなってしまう可能性が高まります。そのため、その場の空気や、他人の醸し出す雰囲気を感じにくくなる可能性があります。私たちもそうですし、もちろん初対面の相手も、緊張していると余裕がなくなっている可能性があります。

また、緊張しているとき（特に男性は）、硬く険しい表情になりがちです。

男性は日ごろから、

「あれしきのことで緊張するなんて、肝っ玉が小せえなあ」

とか、

「緊張を顔に出すなんて男の風上にも置けない」

などと、緊張することに対して否定的なイメージを女性よりも強く持っています。どうしても、男性の方が、自分を実際よりも強く大きく見せたいという願望を持っているのでしょうか。

しかし、そもそも初対面のときに緊張するのは性別を問わず、自然なことなのです。

そうなんです。

しかし、緊張していることをまわりに悟られまいとして、努めて難しい顔をすることも、男性には多くあります。

ただ、硬く険しく、もしくは難しい顔をしていると、〝怒っている〟かのように見られる可能性が高まります。

◇誤解されてはもったいない

特に、緊張で余裕がなくなっている相手が、ガチガチに硬い、まるで怒っているかのような私たちの顔を見た場合、どう感じるでしょう。

怒りを向けてくる人がいると、前述したように、私たちは通常、反発する（怒り、闘う）か、逃げる（もしくは避ける）かのどちらかの行動をとります。

もちろん社会生活を営んでいる私たちは、表面的には闘ったり逃げたりはしませんが、〝内心〟では、

「何だ、あの態度は！　お願いされても次は会ってやらないぞ！」

と、腹立たしく思ったり、

「もう会いたくないな」

と、今後のつき合いを避けたりするということになります。

いずれにしても、これでは、

「また会いたい」

と、思うことにはつながりませんし、もちろんあたたかい心のつながりを感じることもできませんよね。


また、そもそも〝怒っている顔〟になっているだけで、怒っているわけではなく、緊張しているのですから、誤解を与えてしまっているのです。その上、心のつながりを得る機会も失いかねないとなると、**非常にもったいない**気がします。


ですから、私たちは**笑顔であること**を心がけたいものです。

しかも、**余裕がない相手にも、笑顔でいること**をわかってもらえるような、**ニコニコ顔**を意識したいものです。


そうです。これも男性に多い傾向だと思いますが、せっかく笑顔を心がけても、目じりが少し下がるだけとか、口角が少し上がるだけという場合があります。しかし、これだけだと場合によっては、〝目は笑っていなかった〟などと捉えられてしまい、逆に不気味がられたり、油断できない人だと、警戒心を持たれてしまう可能性があります。言い換えると、初対面の相手から安心感を奪ってしまう可能性があるのです。

私たちが笑顔を意識するのは、相手と心のつながりを持つためでした。心のつながりを持つためには、お互いに安心感を得ていることが必要になります。

ここはせっかくですから、口を開けて、歯を見せて笑う。そう、〝ニコニコ顔〟を意識して笑いましょう。

これだけで、

「安心してもらって大丈夫ですよ」

というメッセージになり、コミュ力アップにもつながります。

初対面に強くなる秘訣③

「礼儀」は言葉よりも雄弁にあなたの「中身」を語る

ここまでに整理してきたことから、私たちが初対面の人に『また会いたい』と思ってもらえる、つまり心のつながりを持つためには、**自分自身が安心し、その安心した雰囲気を相手に伝えていくことが大事**だと言えそうです。

この章で挙げたツナグさんとノゾミさんが出会った人を思い出してみても、やはりそうでした。タクシーの運転手さんはニコニコと穏やかそうな人でしたし、ノゾミさんの先輩は余計な力が入っておらず、落ち着きを保ってそばに座っているという、そういう印象ではないでしょうか。

そもそも基本的にはお互いに緊張を感じることが多い初対面の状況で安心を感じると、私たちは、

「また会いたいな」

と思います。

そうだとすれば、お互いに安心を感じ合うために〝礼をつくす〟ということは、大事だといえそうです。

礼をつくすと言っても、黒のスーツを着込んで、顔を合わせた途端にうやうやしくお辞儀をするような上辺の対応ではありません。もちろん、場面、状況、相手によってはこうすることが礼をつくすことになりますが、かえって相手に緊張や戸惑いを与えることになる場合もあります。

そうなんです。

どういう風に振る舞うべき、という決まりがあるわけではなくて、状況に応じた振る舞いを心がける、ということも礼をつくすことには含まれているのです。

礼または礼儀は、英語ではetiquetteです。

そう。この場合は和製英語にもなっているエチケットの方が、イメージしやすかったりします。

ここで私たちがエチケットを意識する目的も、お互いに安心を感じ、心のつながりを持つためでした。

相手が安心するためには、今どういう状況なのか、目の前の人はどういう関係性の相手なのかというシチュエーションをよく考えて、**誤解を与えそうな身だしなみ、服装、そして振る舞いを避ける**ように努める。そういうことになります。

こういうエチケットを意識した心づかいは、やはり相手に通じていきます。

逆もそうですものね。

相手が、エチケットを意識してくれていると、私たちは、

「ああ、自分は大事に扱ってもらえているんだな」

と、心がじんわりあたたかくなるのを感じます。

同じことなのです。

ですから、もしお互いに心があたたかくなるなら、やはりそういう相手とは、

「また会いたい」

と思うし、思われるという、心のつながりを感じ合えるということになります。

初対面に強くなる秘訣④

「初対面で失礼な人」へのストレス知らずの対処法

ツナグさんとノゾミさんが、初対面にもかかわらず緊張もせず、落ち着いた気持ちで時を過ごせたポイントには、相手側の「受け入れる」という態度が挙げられます。

私たちは、

「自分が受け入れてもらっている」

と感じると、全身の力が抜けていくような、心地いい安心感を覚えることができるのです。

ちょうど、緊張して不安でいっぱいのときに、

「大丈夫だよ」

「何も心配しなくていいよ」

「無理してがんばらなくていいんだよ。今のまま、そのままのあなたでいれば、それでいいんだよ」

という言葉をかけてもらったときと同じくらいの安心感が得られます。

私たちは、何の不安を抱くこともなく、安心して過ごせる時間を〝癒やし〟と呼んだりしますよね。癒やしを得るためには、時間もお金も惜しまないという方は少なくありません。

相手のそのままを受け入れることができれば、それくらい深い安心感を覚えてもらえる可能性があります。もし、他人から、

「いっしょに過ごすだけで、とても癒やされます」

と、思ってもらえたとしたら、感動で胸がいっぱいになりませんか？　この、胸をいっぱいに充たしているものが、私たちが求めている、あたたかい心のつながり、そのものです。

では、どうすれば、**目の前にいる相手のそのままを受け入れていくことができる**のでしょうか。

たとえば、次のような状況ではどうすればいいのか、考えてみましょう。

◇相手が失礼な振る舞いをしたら……

もし、私たちが礼をつくすべく心づかいをして、初めて会う方との対面に臨んだとしても、相手の方が礼を失していたとしたら、もしくはそのように見えたとしたら、そういう状況で私たちはどういう気持ちになるでしょう?

やはり、残念な気持ちになるでしょう。

これは、

「相手から、私は尊重されていないのだろうな」

と、感じるためです。**心のつながりを断たれたような気がして、がっかりしてしまいます。**

ただ、私たちが人づき合いにおいて心を砕いているのは、そもそもなぜだったのでしょうか?

『人づき合いは、私たちにチカラを与えてくれるから』でしたよね。

こういう残念なときにも、このことを思い出しましょう。

そうです。

この視点で捉え直してみると、実はこの状況も私たちにとっては、チカラを与えてくれるものなのです。そして、その捉え直し方が、他でもない、

「相手の、そのままを受け入れる」

ということなのです。

どういうことかと言うと、私たちの緊張や期待に反して、初対面の相手が残念な振る舞いをしたり、失礼な態度であったとした場合、私たちの頭の中には、

「どうして、この人はこんな風なんだろう……。残念だ……」

とか、

「何で、このように扱われないといけないのだろう……。失礼だ！」

などという声が聞こえてきます。

「どうして？」「何で？」という言葉で始まる評価や非難が、次々に湧き出してきて、イライラしたりムカムカしたり、情けなくなったり、寂しくなったりと、さまざまな不快な感情を感じ、胸中穏やかではいられなくなるのです。

でも、こういう穏やかでない気持ちで過ごし続けたとして、**果たして相手は私**

たちの期待するように変わるでしょうか？

そうだとすれば、私たちは、秘訣その①に戻り、

「今、自分は相手に対して苛立《いらだ》っているのだな。でも、ああいう扱いを受けたのだから、しょうがないな」

と、「自分自身の状態」を受け入れましょう。

その上で、

「失礼に見える振る舞いにも、私たちには推し量れないような何か特別の事情があるのかもしれないな」

とか、

「今、相手は何か困り事があり、そのためにああいう態度になっているのかもしれないな」

という風に、目の前の相手を「特別な事情を抱えている人」「困り事を抱えている人」として見直してみましょう。

そもそも誰もが緊張して気をつかう初対面で、失礼とも捉えられる振る舞いをしているわけですから、大概の場合は、実際に何か事情（元々の性格だとしても、

それ自体が困った事情だといえます）があることがほとんどではないでしょうか。もしかすると、あとで落ち着きを取り戻したときに、この場での非礼を痛切に後悔する可能性もあります。そういう「事情があって、困っている人」である、**今の相手のそのままを受け入れましょう。**

どうですか？

「事情があって、困っている人」を見ると、その人へ注ぐ眼差しにも、頭の中で聞こえてくる心の声にも変化が生じますよね。

これは、元来優しい気持ちや親切な気持ちを私たちが持っていることを実感できる瞬間でもあるのです。

そういう自分を実感できたら、私たちはもう一度思い出しましょう。

『人づき合いは、そもそも私たちにチカラを与えてくれるもの』

ということを。

このことを思い出したら、私たちにできることはひとつです。

「相手がどういう事情を抱えていても、そのためにどのように振る舞ったとしても、私たちはいつでも、その人と心のつながりを持とう、と思い直してみる」

ということだけです。

こう考え直してみると、私たちはあたたかい気持ちを自分の中に感じることができます。

もしかすると、そういうあたたかい気持ちで居続けていた私たちから滲《にじ》み出す安心の雰囲気が、相手の記憶に残っていて、後々、相手も事情が許すようになったタイミングで、

「あのときは、大変失礼しました。もしよろしければ、改めておつき合いをお願いできればと思います」

という展開になることも期待できます。つまり、

「また会いたい」

と思ってもらえる可能性が開けてくるのです。

初対面に強くなる秘訣⑤
「沈黙」も「話題がない」も怖くない心の持ち方

初対面で居心地のよさを感じることができると、私たちはうれしいものです。

居心地のよさを感じられる人とは自然と、

「また会いたい」

と思います。

そして、それは相手にとっても同じことなのです。


では、どうすれば居心地よく過ごしてもらえるのでしょうか？

みなさんは、どう考えますか？

「色々と話題を変えながら話しかけてみて、反応を観察し、興味のありそうな話題を見つける」

フムフム。なるほど。

「興味がありそうな話題を見つけたら、もし自分だったら、話を聞いてもらえると居心地よく感じるから、話しやすいように、そのことに関する質問をして、話をしてもらうようにする」

なるほど、なるほど。そういう考え方があるかもしれないですね。

他には、どうでしょう？

「自分の場合は、初対面では相手との距離感がとても気になる。適当な距離感がないと落ち着かなくなる」

「距離感を保つためには、あまり色々と聞きすぎない方がいいと思う。そうすると、心の中にズカズカと土足で踏み込まれたように感じられてしまうから」

確かにそういう考え方もあるかもしれません。

他にも、ありますか？

「とにかく初対面で居心地を悪くしているのは、沈黙が続く状況。あれは、つらい」

「自分だったら、沈黙ほどつらいものはない。だから、天気とか食べ物だとか、話題の芸能ニュースとか、当たり障りのない雑談ネタを提供するようにすると、居心地は悪くならないと思う」

そうかもしれないですね。そういう考え方もあるでしょう。

少し挙げただけでも、同感できる考え方がいくつかあります。

他にも、まだまだ色々な考え方があることでしょう。

さて、私たちは初対面でも心のつながりを持ちたいと願っています。だから、「また会いたい」と思ってもらえるために、

〝居心地のよさを提供したい〟

と考えるのでしょう。

このようなときには、相手の側に立って、さまざまなアプローチ法を試行錯誤していくことになります。ただ、相手の立場で考えてみることには、やはり限界があります。

どうでしょう？

ここで挙げた方法についても、基本的には、

「自分だったら」

という前置きが必要になります。どういうことかと言うと、

「自分だったら、こうすると居心地がいい。たいていの人は、大体同じように感じるはずだ。だから、自分が居心地よく感じる方法でアプローチしてみよう」

という考え方で相手に接していくわけです。ただ、

「自分の感じ方＝初対面の相手の感じ方」

・・・ではないのですよね、残念ながら。ですから、自分が居心地よく感じる方法で、しかも相手のためを思って、行動をしたとしても、・・・・・・・・・・それは必ずしも相手に居心地のよさを提供できるとは限らない、という可能性を頭に置いておく必要があるのです。

やはり、自分の感じ方は〝自分の領域〟。同様に他人の感じ方は〝他人の領域〟なのです。だからよかれと思った振る舞いでも、やぶ蛇になる可能性もあります。

そうだとしたら、私たちには何ができるでしょうか？

ここまで整理してきた秘訣を確認してみると、安心感を得ることができると、居心地のいい時を過ごせました。

人と対面しているときには、相手の状態や様子というものが一番気になるところです。

せっかく色々と私たちにとって興味を引くような話題を提供してくれたとしても、その人がソワソワと落ち着きない様子であると、私たちは決して安心することはできません。

一方、話題が途切れがちで、沈黙が続いたとしても、そのときに相手の人が穏やかにニコニコして落ち着いていたとしたら、私たちも安心していられます。

そういうときには、仮に沈黙が長く続いたとしても、どちらからともなく笑いが出てくるというような雰囲気になるかもしれません。理由はないけど、何だか居心地のよさを感じるような状況です。

そうなんです。

このように、相手が安心感を保ちながら穏やかにいてくれると、それは私たちにも伝わってくるのです。それと全く同じように、私たち自身が安心を感じていれば、それは初対面の相手にも伝わっていくのです。

しかも、私たちが安心感を保つかどうかということは、私たち自身が選ぶことができます。

つまり、初対面の相手が誰だったとしても、どのような状況に置かれたとしても、自分自身が安心感を保つことを選択していくことはできるのです。

相手の気分は、その人の領域のものですし、私たちの気分は、私たちの領域のものなのです。

私たちがどれだけ心を砕いてアプローチしたとしても、相手の気分を選んであげることはできません。

でも、私たち自身の気分を選ぶことは、どんな場合であっても、自分でできるのです。

だとすれば、私たちは、

〝居心地のよさを『提供したい』〟

と考えるよりも、

〝居心地のよさを『共有したい』〟

と考えていく方がいいのかもしれません。

そうです。

私たちにできることは、自身の安心感を保つこと。それだけなのです。

ただ、自分自身が安心を感じる状態を選択し続けていけば、それは初対面の相手にも必ず伝わり、居心地のよさを共に感じながら時間を過ごすことができます。

そのような時を共有することができると、

「また、会いたい」

という思いが自然に湧き上がってくるのです。

第4章

コミュニケーション力が画期的に高まる

――人の心をつかむ人がやっている
こんな**「気づかい」**

幸せな、温かい人間関係を育てるために必ず知っておきたいこと

「気づかいをするのは……、正直面倒だけど、しょうがないかな……」

とか、

「人づき合いが苦手な自分には、気づかいまではちょっと無理かも……」

もしくは、

「こんな風に言うとアレだけど……。メリットがあるならしたいと思う」

と、いう場合もあることでしょう。

確かにそうですよね。

「気づかい」と聞くと、このように億劫感《おっくうかん》や苦手感をともなったり、打算に基づいた行動をイメージすることがあります。

ただ、このような気分に基づいた〝気づかい〟をしていくと、私たちは段々と

つらくなってしまいます。

よかれと思って懸命にやっているのに、意識すればするほどつらくなってしまう……。そういう〝気づかい〟をしていることって確かにあります。そして、そういう場合には、人づき合いそのものが煩わしく感じられてきてしまいます。

ただ、こういうときこそ思い出しましょう。

『本来、人づき合いは、私たちに大きなチカラをもたらしてくれるものである』ということを。

本来、私たちが行なっていきたい〝気づかい〟とは、**「人とつながるって素晴らしいな」「他人を気づかうと、自分が癒やされるのだな」**ということが再認識できるような振る舞いです。

その結果として、**「人の心をつかめた」**つまり**「人とのつながりが、より強くなっていた」**としたら、それはもう文字通り望外のよろこびでしょう。

ここでは、**私たち自身が楽になり、そして私たち自身がうれしくなる、さらに私たち自身が癒やされる、**そんな〝気づかい〟について整理していくことにしましょう。

「気づかいで、ヘトヘトになる」という悩み

メグミさん（30代、主婦）はこの4月から、子どもが通っている幼稚園の役員を引き受けました。役員になってからというもの、彼女はママ友だけでなく幼稚園の先生たちから、

「とても気が利く！」

と、高評価を得ています。しかし、当の本人は日に日に疲れが重くなり、

「このままだと、私燃えつきちゃうかも……」

と、内心では悲鳴をあげているような状態です。

一体、どうしたというのでしょうか――？

実は彼女は、断りたいのに何も言い出せないまま即座に役員を引き受けてしまったことを後悔していました。

「すぐに断ったら、指名してくれた人に悪いような気がしちゃって……」

「それに、もし私が断ったら、別の人にしわ寄せがいって迷惑をかけちゃうかも

しれない」

と、考えて気をつかい、

「私でよければ……」

と、その場で承諾したそうですが、

「まあ！　すぐに引き受けて下さるなんて、本当によかった！　もしあなたに断られたら、次はあの人にお願いしてみようかしら……、とかちょっと悩んでいたけど、取り越し苦労に終わって助かったわ！　ありがとう、メグミさん」

と、ハグされました。彼女は、

「一度は断って様子を見てもよかったのかな……。あーあ、変に気をつかわなければよかった……」

と落ち込んだそうです。それでも、

「よそ様に、不愉快な思いをさせなかったのだから、これはこれでよかったのだろう」

と自分に言い聞かせるようにしました。

それ以降も、彼女は他人を優先した気づかいを続けています。ということは、つまり自分の気持ちや主張は押し殺し、ひたすら我慢することが続くということ

です。メグミさんが心がけているのは、

「こう言ったら、相手が不愉快になるだろうから、言わずにおこう」

と、言葉をのみ込むこと。

「こうしてあげると、相手は作業に取り組みやすいだろうから、ここまでは自分が準備をしてあげてからお願いしよう」

と、分担する作業のほとんどを肩代わりしてあげること。

「お礼をされるとよろこんでもらえるだろうから、相手が気をつかわないで済む程度のお菓子にメッセージカードも添えて贈ろう」

と、時間を懸命にやりくりして、ギフトを買ったり、カードを作成したり……。例を挙げるときりがないほど、関わるすべての人に、とにかく彼女なりに精一杯の〝気づかい〟を続けました。もちろん相手はよろこんでくれますし、メグミさんもそういう反応を見るとうれしいのですが、その一方でストレスも溜《た》まっていきます。

「あなた、そこまで気をつかわなくていいのよ」

とアドバイスしてくれるママ友も何人かいたのですが、

「最初は気をつかっていたのに、途中から気をつかわなくなると、気をつかえる人なのに、意図して気をつかっていないと思われてしまう。中には、〝私には気をつかってくれないってこと？〟と疑問に思う人もいるかもしれない……」

と心配になり止《や》められません。また、まわりからの評価がうなぎ登りになっているという噂《うわさ》も耳に入ってきていたため、

「こんなに我慢してがんばってきて……。せっかくのいい評判を落としたくない」

という欲も出てきてしまい、一生懸命に〝気づかい〟を続けてきました。

そうしているうちに、

「何だか、とても疲れてきちゃった……。もう、ヘトヘト……」

と感じるようになってきたのです。

そうですよね。

メグミさんのような気づかいを続けていくと、私たちは疲れてくることでしょう。

彼女の気づかいの特徴は、〝**他人を大事にしている**〟という点にあります。

え？

「〝気づかい〟なのだから他人を大事に思うのは当たり前じゃないか」

ですって？

確かに、気づかいは他人を大事に思う気持ちが必要ですし、とても重要なことです。しかし、メグミさんの場合は、〝他人を大事にしているが、自分は大事にしていない〟ことが問題なのかもしれません。そして、それこそが私たちが疲れる原因になるのです。

こういう場合〝気づかい〟をしているつもりが〝気づかれ〟になっていくのですよね。

では、私たちはどうすればいいのでしょうか？

それは、後ほど整理していくことにしましょう。

「まわりが気が利かない人ばかり」という悩み

トクオさんは、60代前半の嘱託社員です。数年前に定年退職後、再雇用された彼は、若いころから気配り上手な面があり、それを評価した当時の取引先から〝気づかいのトクさん〟と呼ばれたこともありました。彼は今でもそのことを誇らしく思っています。

そんな彼は、再雇用されるにあたり、

「お世話になった会社に、自分なりの恩返しがしたい」

と意気込み、思案しました。そして、何度も上司に褒められたことのある〝気づかい〟こそ自分の一番の長所だろうと結論づけた彼は、〝そのコツ〟を後輩に伝えることができればと思いながら日々の業務にあたっています。

ただし、一人ひとりを呼び出して説明したり、教えたりするのではなく、できれば彼の振る舞いや佇《たたず》まいから、気づかいのコツをつかみ取ってほしい、つまり背中で教えていきたい、という〝美学〟というかこだわりもあるようです。

そんな風に〝後輩のため〟、〝会社のため〟と一生懸命に考えている彼ですが、なぜか、周囲の人は戸惑っています。

何かあったのでしょうか――？

それは最近、彼が怖い顔で同じ部署の社員をにらみつけながらブツブツ独り言を言っていることが増えているためです。

トクオさんとしては、〝気づかいのコツ〟を後輩に伝授したいと心密《ひそ》かに願っ

ており、それこそが会社への恩返しになるという思いを抱いているのですが、そういう視点でまわりを観察してみると、

「まったく！　何でこういうところに気が回らないのだろうか……」

とか、

「意識していれば、気づけるはずじゃないか！　なぜこういう風にしないんだ！」

と、いう具合に〝他人の粗〟ばかりが目につきます。それが不満の元になり、自分の求める〝気づかい〟をしていない人を見る度に、イライラが募るのです……。

なるほど。こういう状況ってあるかもしれません。このトクオさんのケースというのは、つまり、

「〝自分なら……〟、という期待通りの気づかいを他人がしてくれない」

とか、

「自分は気をつかっているのに、相手は同じように返してくれない」

というように、「他人から気づかわれること」、言い換えると「他人から与えて

もらうこと」を求めている状況とも言えます。こういう〝求めるモード〟になることは、私たちにもあります。

そういう状況のときは、どうしても主観的なモノサシで他人を評価しては、非難してしまいます。だとすれば、不満ばかりを感じるのもしょうがないかもしれません。

ただ、トクオさんの場合にはせっかく、〝会社や後輩への恩返しを〟という具合に、感謝の気持ち、つまりあたたかい気持ちを持っているのに、結局は非難の気持ちのため、それが打ち消され、周囲まで不快にさせるのですから、かなりもったいないような気がします。

ここにも、私たち本来の気づかいにおける重要なポイントがあるような気がします。これも後ほど整理していきましょう。

「気づかった相手が遠ざかる」という悩み

専門学校生のユウキさん（21歳、女性）は、常に不安を感じています。

その不安は〝友だちから嫌われていないか〟というものです。ただ、特別な出来事があったわけではありません。誰かに嫌われているという情報を小耳にはさんだということもありません。原因としてあるとすれば、ユウキさんは、女子の人間関係の複雑さに苦手を感じることが、小学校の高学年のころから続いています。

噂話に相づちをうったり、表面的に話を合わせたりといったことがあまり得意でないと感じているため、他人から客観的に見て不自然な振る舞いをしていないかと気になることが、ちょくちょくあるようです。

色々と考えた彼女は、〝嫌われないように努力しよう〟と考えました。努力することなら、自分の心がけ次第で実行できます。もし、努力してそれでも嫌われるなら、それはしょうがない、と割り切ろうと誓いました。

その努力の一環として、人間関係や人づき合いに関する本を何冊か購入しました。これらの本に書かれていた、〝良好な人間関係を築くには、思いやりや気づかいが重要である〟という内容が印象に残ったようです。

さらに彼女なりに分析を進め、〝コミュニケーションを取るときには、気づかいを、言葉で表現する〟ということを実行することにしました。

そのようにして、彼女なりの気づかいを表現すると、そのときだけは少し不安が軽くなったようにも感じられます。ユウキさんは、この取り組みはうまくいくだろうと、考えたのですが……。

実際に、気づかいの言葉をかけるようになって以来、彼女は友だちとの距離感が遠くなったように感じています。気のせいだと思い込むようにしていても、やはり、言葉をかけたあと、相手は、〝引いている〟ようにしか思えないのだそうです。

どうしてなのでしょうか――?

ユウキさんの気づかいの表現とは、たとえば、自分が意見を言うときには、

「私ごときがこんなことを言うと、気を悪くするかもしれないんだけど、ごめんね……。でも、実際にはそんなつもりはなくって、あくまでも私の個人的な意見にすぎないんだけど……」

と、相手が気分を害することがないようにという気づかいから、へりくだる言葉を多発するようになりました。

また、何かお願いごとをきいてもらったときには、

「本当にゴメンね。こんなことまでしてもらって……。とっても大変だったでし

ょう？　私だったら、こんなことまでお願いされたら、〃何で？〃って感じると思うの。悪く思わないでね、ゴメンね、ゴメンね……」

という具合に気づかいを表現します。

また、たとえば雑談をしていても、相手の表情の変化に気を配り、

「あ、今、ちょっと小首を傾げたかと思うんだけど、私の説明がきっとわかりにくかったんだよね。ゴメンね、ゴメンね、私って頭が悪いから上手に説明ができなくて……」

と、説明を改めます。〃コミュニケーションにおいてズレをなくすようにすることは、気づかいの表現の一種である〃と本に書かれていたことを実践したつもりなのです。

「何かがうまくいっていないのかも……。このままでは、本当に嫌われちゃうかも……」

そう感じているユウキさんは、これまで以上に〃気づかい〃を徹底しなくてはと考えています。

なるほど。

ユウキさんは一生懸命にやっているのですが、どうも望んでいる方向には進んでいないようですね。

私たちも、知らず知らずのうちに、こういう状況に陥っていることがあります。ある方向を目指して自分なりに一生懸命に取り組んでいるのに、**目的地からは遠ざかっているか**のように感じることがあります。そのときには、不安や焦燥といった気分を感じます。そういう気分は、〝今、うまくいっていないよ〟ということを**自分自身に知らせてくれるような役目**があります。

ですから、そういうときは、そういう気分が知らせてくれる警告音に耳を傾けて、一度立ち止まり、**進もうとしている方向性や取り組み方を、ちょっと整理してみる必要があるか**もしれません。

ユウキさんのケースを整理してみると、どのようなことがわかるでしょうか。まず、彼女は自分でできることに焦点を絞って努力しています。その結果、**相手がどう思うかはしょうがないこととして割り切ろう**と誓いました。

これはどうでしょうか？

これは、自分自身の力が及ぶ範囲での行動になりますから、素晴らしいことです。私たちも参考にしていきたい考え方と言えるでしょう。

ただ、ユウキさんの場合「相手が気分を害さないように」と気をつかっているのですが、今の状況だと〝他人の領域〟に踏み込んでしまっているようです。どういうことかと言うと、彼女の発言には、

「こう思っているんでしょう?」

という、決めつけのニュアンスが含まれています。また、〝ゴメンね〟を連発しており、

「間違っても、気を悪くしないでね」

というように、相手にとっては、自身の考えを誘導されるような印象を持たれかねないメッセージが含まれています。さらに、小首を傾げたことにもナイーヴに反応しますが、これも当の相手側からすると、

「小首を傾げたことまでチェックされるの?」

と、行動を細かく監視されているような、窮屈さとして感じられる可能性が出てきます。

いずれも、**相手の領域に踏み込んでいるために起こっているのです。**

そうなんです。

私たちは、自分の領域に踏み込んでこられる危険性を感じると、**自分を守るために距離をとろうと、引き気味の距離感をとる**ようになります。

ユウキさんとしては、気づかいの言葉をかけているつもりなのに、**他人の領域を侵害**してしまっているのです。それが問題なのですが、なぜそうなってしまっているのでしょうか？

ここには、私たちが目指していくべき、気づかいを実行するときの姿勢についてのポイントがありそうです。これも、これから整理していくことにしましょう。

上手な気づかいの秘訣①

「他人の役に立ちたい気持ち」をエスカレートさせない

気づかいを行なう上で、私たちがしっかりと意識しておきたいことがあります。

それは、

「気づかいは、自分を大事にするために行なう」

ということです。

そう言われてみて、どう思いますか？

結構、意外に感じる人がいるかもしれません。

そういう人は、自分が我慢することが相手への気づかいに通ずると思ってやってきたのだと思います。

確かに、気をつかうとき、私たちの頭の中には、

「私が我慢してこうすれば、あの方はよろこんでくれるかしら？」

とか、

「私さえ口を出さなければ、あの人が気分を害することはないだろう」

というように、**他人を優先するために自分のことはあと回しにする**、という考えが浮かんできます。先ほど紹介した、メグミさんの気づかい方は、正にこういう感じでしたね。それが続くと私たちは心底疲れてくるわけですが、そうは言っても私たちは、このように他人から気づかわれると、

「ああ、私のことを大事に思ってくれてありがたいな」

と思い、一面うれしくなります。

ただ、ここで整理しておきたいのは、

『他人を大事に思うことと、他人を優先することは違う』

ということであり、

『他人を大事に思うことは、自分を粗末に扱うことではない』

ということです。

そう。

『〝気づかい＝自己犠牲〟ではない』

のです。

こう言われてみると、誰にとっても至極当然のこととして響くと思うのですが、「気づかいは、自分を大事にするために行なう」という言葉を聞いて意外に思った人は、**犠牲を自分自身に強いた上で他人を気づかっている可能性が高いのです。**

ただ、誤解しないでもらいたいのは、

「そういう気づかいが悪い」

と言っているわけではありません。

私たちは、時々自分自身で確認していかないと、このような気づかい方を積み重ねていることがあります。

このような気づかいをするということは、自分を粗末に扱う機会が増えるということでもあります。そうなると、ヘトヘトに疲れてしまいます。

最初のケースを思い出してみると、メグミさんの場合も、「燃えつきてしまう……」と感じているほどでした。

そうなんです。

だから、私たちは時々、**気づかいとはそもそも何のために行なうものなのか、ということを確認する必要があります。**

気づかいとは、人づき合いに含まれていて、他人との間であたたかい心のつながりを、しっかりと感じるためのものでした。そして、それは無理して行なったり、打算的に行なうようなものではなく、私たちの内面から自然に湧き出してくるようなものなのです。

ですから、私たちは気づかいを行なうときには次のようなことを意識したいものです。

「この人は、何か困っていることはないだろうか」
「何か、自分で力になってあげられることはないだろうか」

こういう視点で、他人を見つめることがまず大事になってきます。

この視点を持ってまわりを見まわしてみると、どういう気づかいが自分にはできるのか、ということも思い浮かぶことでしょう。

そして、このことこそが、自分を大事にしていることでもあるのです。

そうです。

この視点でまわりを見つめているとき、私たちは心があたたかくなってきますし、こういう眼差しで他人を気づかうことのできる自分自身という存在がうれしく、どこか誇らしくも感じられます。

そうすると、

「ああ、人とつながるっていいものだな」

「他人を気づかうって、気持ちがいいものだな」

と感じ、自分が元気になっていくことを実感できます。

これこそが、自分を大事にする、ということなのです。

上手な気づかいの秘訣②
「どうにもならないこと」に心を注がない

気づかいの対象は「他人」です。

そのため、**「相手の身になって考える」**という視点はやはり重要です。

しかし、いくら相手の立場に立って想像力を働かせてみても、**実際の相手の状況とは一致していないということは起こり得ますし、**また、それは決してめずらしい事態ではないでしょう。

相手も私たちと同様、人間ですから、その時々で色んな事情があります。その事情には、そのときの機嫌、体調、抱えているトラブルや心配事……、などなど、とても多くの要因が含まれます。

さらに言うと、〝相性〟としか言えない事情も、私たちの間には起こり得ます。

ですから、私たちは真心を持って気づかいをしたとしても、相手はよろこんでくれない、つまり気づかいという思いやりを〝**受けとってもらえないという可能**

性がある〟ということは、しっかりと認識しておきたいものです。

ただ、いくらこのことを理解していたとしても、実際に気づかいを快く受けとってもらえない場合には、やはり私たちはショックを受けます。

「どうして？」

「なぜ？」

と、自分のとった行動を頭の中で何度も反芻《はんすう》しては原因を探るでしょう。また、悩み、落ち込み、不安を感じ、

「私が、いけなかったのだろうか？」

「私が、あのように言わなければよかったのだろうか？」

と、自分を責めてしまうことがあるかもしれません。

ただ、だからと言って、

「やはり、自分さえ我慢していればよかったのかもしれない」

とか、

「次は、機嫌を損ねないようにしなくては」

という方向で考えることは避けたいものです。というのもこれは、秘訣①で整

理した**自分を粗末にする気づかいになる**のです。

そういうときこそ、この秘訣②を思い出すべきです。

そうです。

対象は〝他人〟なのです。

他人とは、その受けとめ方、感じ方、考え方、気分を、**私たちが決定することはできない存在**です。たとえ、私たちがよかれと思い行なった気づかいを、快く受けとってもらえなかったとしても、それは**〝他人の領域〟の問題**です。**そのままを尊重することが、他人という存在を尊重するということ**になるのです。

この、

「他人のそのままを尊重していこう」

という姿勢をとると、たとえショックなことがあったとしても、私たちは穏やかさを比較的速やかに取り戻すことができます。

自分自身を穏やかに保つように、その都度姿勢を整えていくことは、人づき合いにおいて、私たちができる大事なことです。

繰り返しますが、**私たちが気づかいをするのは、自分を大事にするため**です。

気づかった相手が私たちの予想した通りの反応を示さなくても、たとえ気づかいを快く受け入れてくれなかったとしても、それは他人であるその相手の自由なのです。

そういう考え方に立ち戻ることは、私たち自身にとっても、また気づかいの対象となる他人にとっても、広い意味での本当の気づかいとなるでしょう。

上手な気づかいの秘訣③

「いい人と思われたい」欲を捨てる

他人の考えは、他人の領域のものでした。また、**意見や主張、気分なども他人の領域に含まれる**ものです。私たちにできる〝気づかい〟とは、こういう他人の領域のものは、そのままを尊重するということでした。これこそが、人づき合いにとって重要なお互いの安心感につながります。

そうであるならば、私たちは、自分自身の不安や落ち込みを解消するために、**他人へ取り入るような振る舞いを〝気づかい〟と呼ぶことは、決してしないように心がけたい**ものです。

そういう他人へ取り入る言動というのは、相手にとっては、

「反応や考えを、都合よく、操作されてしまいそう……」

という不安を惹起《じやつき》させるものです。

そもそも、人づき合いにおいては「相手の安心感を保つこと」、そのために、「まず自分自身が安心した気持ちで居続けようとする姿勢を持つ」ということが重要なポイントでした。

さらに言うと、これは、他人へネガティヴな内容を伝えるときにも当てはまることです。

何らかの依頼やお願いごとをされたけれども、それを断らざるを得ない場合、私たちには不安な気持ちがモヤモヤと湧き出してきます。

なぜなら、ネガティヴな返事を伝えられた相手は、悲しみや不愉快さを感じるであろうこと、少なくともよろこびはしないであろうことが容易に想像できます。そういう場面を想像すると、心配になるのです。

ただし、その不安な気持ちを自分で引き受けることができないまま、〝気づかい〟という言葉で自分を説き伏せて、不安を解消するための言動をとってしまうと、それは自分を粗末にすることにつながります。

ちなみに、これは本章で登場してもらったメグミさんやユウキさんの〝気づかい〟のパターンです。ひどく気疲れしてしまったり、自分の望みに反して友だちとの距離が遠くなってしまったり、という現象が起きていました。それは、本来の気づかいをすることができていないために生じている問題だと考えられます。

他人が不愉快に感じるとしても、それは、その人の領域に在る問題であり、その人自身に責任を持って対処してもらうしかありません。決して、ひとまかせ、無責任な考え方ではないのです。**その人が対処できるはずだと考えることは、その人を尊重することにつながります。**

この相手を尊重していく姿勢こそ、本当の意味での気づかいです。

それと同様に、**私たちが抱える不安や落ち込みは、私たちの領域の問題**であり、私たちが責任を持って対処していくしかないのです。

これもまた他人へ注ぐ視点と同様に、私たちは不快な気分を抱えたとしても、他人への気づかいという方便にすり替えることなく対処していけるはずだと、自分自身を尊重することが必要になります。これは、秘訣①に通じることになりますが、自分を大事にすることにつながる、本来の気づかいを行なう姿勢となるのです。

上手な気づかいの秘訣④

求めない。「好意」と「努力」は〝あげっぱなし〟が基本

私たちは、誰かのことを気づかうとき、

『見返り（として便宜を図ってもらうこと）を、求めない』
『お返し（として相手からの気づかい）を、求めない』
『賞賛（誰かが評価してくれているという期待）を、求めない』

という、〝求めない〟姿勢を心がけることは大事なことです。

私たちは、人とつながることだけに焦点をあてて、親切心から気づかいをはじめたとしても、いつの間にか〝求める〟気持ちが一定の割合で頭の中を占拠しだします。

そして、そういう自分に気づく度に肩を落として、ため息をつくのです。

結局、私たちは、〝あたたかい気持ち〟だとか〝真心〟だとか〝親切心〟だとか、そんな綺麗《きれい》ごとを口では言っていても、ひと皮むけば、**強欲で利己的な欲望の虜《とりこ》にすぎない**のだ……、と。

それが私たちの本質であれば、無理して格好をつけて、あたたかい眼差しを他人へ注ぐというような、愛のある心の姿勢を保とうと努めてもしょうがないじゃないか……、無駄なことじゃないか……、と。

そうであれば、自分の欲望に素直に耳を傾けて、優しそうな仮面を被《かぶ》り、他人の真心につけ込んででも、利益だけを求めるという風に割り切り、〝気づかい上手〟を演ずることさえできればいいじゃないか……、と。

どうですか。

うまくいかないようなときには、こういう投げやりな声が、頭の中で聞こえてくることはないでしょうか。

しかし、そういうとき、果たして、私たちの心は落ち着いていますか？

癒やしを感じているでしょうか？

あたたかくて穏やかな気持ちを保てているでしょうか？


そもそも、人づき合いについてここまで色々と考えてきたのは、**『人づき合いは、私たちに大きなチカラを与えてくれるもの』**ということを実感していくためでした。

また、気づかいの秘訣を考えてきたのも同様です。

気づかいをすることで、私たち自身がより元気になり、平和な心の状態を保っていけるということを実感していくためです。

いずれにしても、**人づき合いにおいて、私たちが望んでいるのは「心の平安」です。**

そうであるなら、投げやりな自分に従うのか、あたたかい眼差しを注ぐことを何度でも繰り返すのか、という問いには、**どうすれば心が平安を感じるのか、で**どちらかを選択していければいいのですよね。

〝求める〟気持ちが、幾度湧き出たとしても、その度に手放していく姿勢をとるのか、それとも〝求める〟気持ちのまま振る舞うのか、ということもまったく同じ問いかけになるのだと思います。

そうです。

私たちは、どちらの姿勢をとったときに、より平和な心の状態でいられるかということを、**それぞれが自問し、その答えに素直に耳を傾ける**だけでよいのです。

上手な気づかいの秘訣⑤

気づかいを〝受けとってくれた人〟に感謝する

まず大事な人のことをそっと想《おも》い気づかうときに、私たちの心がほっこりとあたたかくなることに感謝したいものです。

そのようなとき、私たちは大事な人を思いやっている自分がうれしかったりもします。

あたたかい眼差しで見つめながら誰かのことを気づかっているとき、私たちは、普段であれば他人を評価したり非難している心の声が聞こえなくなります。眼差しを注いでいる目の前の人に対する思いやりだけが、私たちの心の中いっぱいに広がっているからです。

そういうとき、私たちは、イライラしたり、不満に思ったりするような気持ちを感じることはありません。また、気持ちが沈んでクヨクヨしたり、不安で落ち着かないようなこともありません。目の前の人に何ができるか、ただそれだけを考えています。こういうあたたかい気持ちだけを感じている時間は、癒やしの時間だといえます。

実は私たち自身が癒やされているのです。

さらに、私たちの気づかいをよろこんで受けとってもらえると、心のつながりが強まったことを感じて心があたたかいもので充たされます。

気づかいは、それ自体に気づいてもらうことを目的として行なうわけではないのですが、それでも結果としてよろこんでもらえたときに、私たちはとても穏やかな優しい気持ちで胸がいっぱいになります。

このようにして気づかいを進めると、人づき合いが楽に感じられます。

これにも感謝したいものです。

『気づかいの秘訣』のひとつに、〝**感謝する**〟ということを挙げているのは、**気づかいを行なうことで気疲れしてしまうことを防いでいくポイント**でもあるのです。本章の最初でも述べたように、「気づかい」と聞くと、

「気づかいをするのは……、正直面倒だけど、しょうがないかな……」

とか、

「人づき合いが苦手な自分には……、気づかいまではちょっと無理かも……」

もしくは、

「こんな風に言うとアレだけど……。メリットがあるならしたいと思う」

と、このように億劫感や苦手感もしくは打算に基づいた行動をイメージすることがあります。

これは、気づかいについて、「与えてあげる」モードになっているために起こっています。気づかいを、他人のために行なっているという意識です。

これだと、やはり見返りも求めたくなりますし、「気づかいしてくれたことに、感謝してもらいたい」と思うことは続きます。しかし、こういう「与えてあげる」「求める」モードでいる限り、私たちが気疲れすることも半永久的に続くことでしょう。

ですから、気づかいをするときというのは、そういう気持ちになるだけで、実は私たちはとても大事なものを既に「受け取っている」のだということに目を向けていくようにしましょう。

そういうことに目を向けるような心の姿勢を保ち、**気づかいをしていると実は自分が癒やされ元気になるのだ**ということを実感することが増えていくに従って、感謝の気持ちも自然に湧き出てきます。

そうなると、気づかいすること自体がうれしく、その結果として『人の心をつかんでいる』つまり『人とのつながりがより強くなっている』ような私たちになっていることでしょう。

第5章

ここに気づくだけで、積もった「小さなわだかまり」が消えていく！

――人間関係に疲れたときの

「心と体の休ませ方」

〝人づき合い上手〟は「休みどき」を見極めるのがうまい

『他人《ひと》のふり見て、我がふり直せ』ではありませんが、私たちは他人ごとの方が比較的冷静に観察することができます。

でも、他人のことをいくら冷静に捉えられたとしても、それだけでは、ちょっともったいない気もします。せっかくですから、自分の身に置き換えて心身とも健康に過ごせるように活かしていきたいものです。

本章では、『疲れていること』をしっかり自覚し、『休みどき』を知るための参考に、まずあるケースをみていくことにしましょう。

「些細《ささい》なことでイライラしてしまう」という悩み

「ちょっと疲れちゃっているのかもしれませんねえ。しばらくの間、休む時間を意識的に増やす方がよいと思いますよ」

　診察室で、こう告げることがあります。

　たとえば、

「最近、些細なことでイライラすることが多くなっていて……」

　と50代女性の会社員、ヘイワさんから切り出されたときのことです。

　彼女は、過去にパニック発作が出現したことがあり通院しています。最近では、普段の生活にまったく問題はないのですが、混雑した電車や、新幹線、飛行機など彼女にとって〝閉じ込められた感じ〟の交通機関に乗るときには、パニック発作が再度起こるのではないかと不安になるため、そのようなときに限り受診してきます。ただ、今回の相談内容はそれとはまた別のようですね。続けて、耳を傾けてみることとしましょう――。

「なるほど。些細なことというと、たとえばどんなことでイライラすることがありますか？」

　と、ため息をついている彼女へ尋ねます。

「そうですねえ……。たとえば、会社で……。人懐っこくて、テンションが高い上司がいるんです。普段だと〝ヘイワちゃん、元気？〟とか言われても、〝はい、元気です！　ところで、いい加減、ちゃんづけはやめて下さいよ～！〟と笑って返せるんですが、最近は、そんな言葉にすごくイラッとして、〝……おはようございます……〟と、そっぽを向く……みたいな……。明らかに不機嫌さが顔に出ていると思うんですよ」

「なるほど、そうなんですね」

「はい……。イライラしていて、自分を抑えきれなくてそうしてしまうのですが、やはり……必ずそれを後悔して、落ち込むのです」

「なるほど。そういう場合は、確かに落ち込むかもしれませんね」

「はい」

「落ち込む以外にも、何か感じることはありますか？」

「そうですねえ。落ち込むのと……、心配にもなります。不安というか……」

「なるほど。それは、たとえばどう考えてそうなるのですか？」

「そうですねえ……。やはり上司ですから……。イライラを顔に出して、目も合わせないなんていう態度をとって、不快にさせてしまったんじゃないかな……、とか、怒らせてしまったんじゃないかな、とか……。そう考えて、不安になったり……ですかねえ……」

「なるほど。確かに、そう考えるかもしれませんねえ」

「ええ……」

ヘイワさんは、またひとつ大きなため息をつきました。

ヘイワさんに関するその他の情報として、子どもはおらず夫と二人暮らしです。彼女は、元々人づき合いは好きで、割と得意だと自覚しているそうです。

会話をすることも大好きで、職場で人間関係のストレスを感じることがあっても、それで思い悩むことはなく、夫や友だちに愚痴を聞いてもらい、美味しい物を食べに行き、週末にスポーツを楽しんだり、早めに寝たりしてバランスをとっていました。

そんな彼女でしたが、半年前に仕事内容が変わりました。

これまで以上に忙しくなり、プレッシャーをともなう交渉ごとが増えました。業務中は、腹の探り合いをしているように感じることが多いそうです。

そういう多忙な状況が続く中、プライベートでは、義母が体調を崩し入院するということがありました。入院先の病院から比較的近い場所にヘイワさん夫婦が住んでいたこともあり、義理の兄弟と夫から、「何かあったときだけ、ちょっと面倒をみてほしい」と頼まれたそうです。

元々、夫の実家とはいい関係を築いていたこともあり、彼女はよろこんでその依頼を引き受けたのですが、その〝ちょっとしたこと〟で病院から呼び出されることが重なるに連れ、負担に感じてきたそうです。

しかし、この件については夫へ何も言い出せないでいます。なぜなら、いくら夫婦でも姑《しゅうとめ》の件を負担に感じているとは、やはり言い出しにくいという気まずさがあります。また、とり立てて大きな問題もないのに、「負担だ」と言うと、夫は不快になるに違いないし、また義理の兄弟からも器が小さいと思われるのではないか、それによって、これまで築いてきた夫婦関係や良好な義理の兄弟との関係が、悪くなるのではないかと懸念しています。

万が一にもそんなことになるくらいなら、自分だけが我慢すれば済むことだと思っている、と……、そういう状況も彼女にはあるようです。

そういう日々が続くうちに、イライラしやすくなったり、あれこれと心配するようになったり、全身のアチコチの凝りや痛みが強くなってしまい、もしパニック発作とは別にメンタルの不調が発現しているのなら、早めに病院へ行き確認した方がいいだろうと考えたというのが今回の経過です。

なるほど。

ヘイワさんのような状況になる可能性というのが、私たちにはあります。

さて、ここまでの様子からすると決して劇的と言えるほどのことはないものの、彼女には、**仕事とプライベートの両面で〝変化〟**が起こっています。

これらをひと言で『**環境の変化**』としてくってもいいのですが、環境の変化とは、それだけにとどまらず、実は、私たちの〝**人間関係に影響が及ぶ**〟こともあるのです。

どういう風に影響が出るかというと、彼女の場合には『**人とのつながり**』に変化が生じています。

まず、職場ではどうでしょうか。

業務内容が変化してからの彼女は、他社の人との交渉において〝腹の探り合いをしている〟と感じています。

もちろん交渉ごとですから、そういう一面は確実にあると思いますが、そういう捉え方だけだとつらくなるでしょう。やはり信頼関係を確認し合えて初めて、お互いに利益もあり、かつ納得のいく結果も得られるのでしょうから。この信頼関係は、『人とのつながり』がもたらすもので、たとえ利益優先の交渉・判断を行なったとしても、これが認識できると心がポカポカあたたかくなるものです。

しかし、心に余裕がなくなると、こういう心のつながりを感じることができません。それどころか相手の言動に対して、

〝うまいこと利用されるのではないか〟とか、

〝不利益になるようなリスクを一方的に背負わされるのではないか〟

という不安と疑念の気持ちでいっぱいになる時間が増加してしまいます。

こういう不安や疑念は、おそれの気持ちですから、これでいっぱいになっていると、私たちはエネルギーを浪費し、心も体もヘトヘトに疲れてしまいます。

仕事であっても、『人とあたたかい心でつながる』ことは大事です。これが得られないときは、疲ればかりを生むリスクがとても高くなるのです。

次に、彼女は忙しくなってからというもの、同僚たちと話したり食事に行ったりする時間が減りました。

ちなみに、こういう時間というのは、『人とのつながりを実感できるとき』です。

本書では何度か言っているように、

『元々、人づき合いとは私たちに大きなチカラを与えてくれるもの』

なのですが、それを実感しやすいのは、こういう時間なのです。

ペチャクチャと他愛《たわい》もないことを喋り合ったり、「これ美味しいわね〜！」と料理やお酒を囲んだり、「なに、それひどい話よね！」と、愚痴に共感してもらったり……。

こういう時間を過ごすと、自然に、

「色々あるけど、また明日からもがんばろう！」

と思えるものです。これは、「人とつながっている」実感を伴ったコミュ力が私たちにもたらす〝チカラ〟なのです。

それを踏まえて考えると、ヘイワさんは、元々職場の人とのつながりを実感し、それによってチカラを得ていたはずですが、そのための時間が減っています。つまり、エネルギーを充たす機会が減っていることになるため、**心は消耗した状況のまま回復する機会もなく放置されているとも言える**のです。

このように、職場における環境変化は人間関係にも影響を及ぼし、それにより、ヘイワさんの心と体は疲弊した状況にあると言えそうです。

◇「大切な人」との関係も……

次に、プライベートですが、一番重要な人間関係とも言える配偶者、夫との関係にも変化が生じていました。

前は何でも話せていたのに、「夫へも話せずに、我慢し続けている負担感」を抱えるようになりました。

この場合、負担に感じていることを話せないのですから、夫としてもヘイワさんが、どういう気持ちでいるのかを知ることはできません。

私たちは、誰しもテレパシーという特殊な能力は持ち合わせていないのですから、「話してくれないとわからない」ことは当然ですね。

ただ、わからないでいると、負担に感じながらも我慢しているヘイワさんへの、ちょっとした気づかいであるとか、ねぎらいや感謝の言葉をかけることもできません。

そうすると、ヘイワさんにしてみれば、夫に対して、

「私が我慢していることに気づいてさえくれない」とか、

「我慢はするけど、いたわりの言葉くらいはほしい」

というような、モヤモヤとした違和感を覚える可能性も高くなるのではないでしょうか。

この違和感は、夫婦関係において、これまでは当たり前のように得られていた、そしてこれからも得られることを当然のこととして期待している、〝心のつながり〟が感じられない、という違和感になります。

これまで得られてきたものであり、今後も得られることが当たり前と思っていることが感じられないわけですから、これはヘイワさんにとって、とても大きなストレスとなっているはずです。

また夫の実家の家族である義母や義理の兄弟との人間関係はどうでしょう。

これは一見するとまだ何も変化が生じていないように思えます。現実に客観的

な状況としては何も起こってはいません。

しかし、ヘイワさんの気持ちや頭の中、つまり彼女の〝心理的な状況〟としてはどうでしょう？

まず、これまで彼女は、夫の実家の家族との間に良好な人間関係を構築していました。そして、それを維持していきたいと当然願っています。

しかし、義母が入院してからはどうなったでしょう？

義母の件で病院へ呼び出されることが重なると、それを負担に感じるようになりました。

ここで押さえておきたいのは、本来、このように日常生活で果たすべき役割が変化したときに負担を感じ、場合によってはそれを「何で、自分だけ？」と不満に思うことは私たちにとって当たり前の感情なのです。

そのため、そもそも、そう感じることについては〝善し悪し〟で論じる類いの話ではありませんが、私たちはこういう状況に身を置いたとき〝負担を感じている自分〟を受け入れられないほど〝悪い〟存在だと感じることがよくあります。

そのため、特に身内の介護や看病に関連する問題は、他人へ相談することすら、はばかられてしまうことも少なくないのです。

ヘイワさんも、おそらくは負担を感じている自分に罪悪感を覚えている可能性があります。そのため、

〝病気の義母が一番大変なのに、私はこのくらいのことを負担と感じているなんて……〟

などと考えてしまい、夫や義理の兄弟へ相談することができないでいるのかもしれません。

相談することができないと、まわりは彼女が負担を感じている状況を知ることもできません。そうすると、気づかうこともそうですが、負担を軽減するために現実的な手助けをすることもできないため、ヘイワさんは義理の兄弟との心のつながりを感じることはできなくなってしまいます。コミュ力が低下した状態になっています。

また、さらに、〝負担に感じていることを話したとしたら、夫の実家家族との人間関係が悪化してしまうのではないか〟と、まだ起こってもいない人間関係の変化への〝おそれ〟も感じていますよね。

私たちは、〝**まだ起こっていないことへのおそれ**〟を抱くと、エネルギーを浪

費し、疲れる一方になります。と、いうのも、そもそも、おそれの対象はまだ起こっていないことですから、現実的に解決することはできません。そのため、疲ればかりがドンドン蓄積していってしまうのです。

こういう気疲れは、私たちの誰にとっても起こりやすいことですよね。

このような状況にあるヘイワさんは、これまではチカラを得ていたであろう、かけがえのない家族との人間関係でも疲れてしまっているというのが現状なのです。

◇私たちは誰しも疲れることがある

さて、このように整理してきましたが、当のヘイワさん本人はストレスが強いという自覚が、まだそれほどないようです。

しかし、その自覚がなければ、心と体を休めていこうとするきっかけは掴《つか》めません。まずは、休むための動機を持つことが必要になってきます。

元々パニック発作で通院をしていたこともあり、早めに病院へ、という意識で受診しにきていますが、精神科医の視点で診察をしても、現時点では治療が必要になるほどの不調はなく、まずまず健康だと言える状態です。ただ、この健康な状態を保つためには上手に心と体を休めることが前提になります。

そのため、ヘイワさんに対しては、「病気ではない」という診察の結果を説明し、その件に関する不安は払拭するということを切り口にして、現在の状態を整理し、正しく理解してもらうようにしたいと思います。

「やっぱり、そうですか。そうですよねえ……。私も自分なりに調べてみたのですが、病気ではないんだろうなとは思っていました。そうだとすると、もっとがんばって……先ほど話したような職場や家庭の状況にも慣れていけば、また以前のようにイライラしなくなるものでしょうか……？」

ヘイワさんは、そう言うとまたため息をついています。

私が、心と体を休めるようにすすめるのは、正にこういうときです。

「ヘイワさんは、もう既にかなりがんばっていますからね。これ以上、無理し続けることはないと思いますよ」

「そうでしょうか……」

「はい。今のお話を聞いて私はそう思います。イライラしやすくなっていたり、全身が凝っていたりというような、これまでと違う不調を感じていらっしゃるのは、〝これ以上無理を続けると本当に病気になっちゃうよ〟というメッセージかもしれません。今のヘイワさんは、心もそして体も、ちょっと疲れちゃったのかもしれません。普段よりも休む時間をとることを意識する方がよいと私は思います」

ヘイワさんは、私のすすめにうなずきますが、疑問もあるようです。

「確かに、そう言われてみると疲れているのかもしれません……。でも……、私は、今の生活について自分では特別強いストレスを感じているということではないのですが……」

「はい。ただ、生活上ではこれまでと違い色々な変化がありましたよね」

「はい」

「何らかの変化があった場合には、その変化に適応するため、普段にも増して気をつかったり、注意を払ったり、我慢することが増えたりなど、エネルギーを使うわけですから、私たちは誰しも疲れますよね。そして、先ほどのお話からは、これまでは、ストレスを感じたり、何か負担になることがあるときには、誰かに話をしたり、スポーツや食事といった楽しい時間をつくったり、普段より睡眠時間を長くしたりといったことでバランスをとっていたんですよね」

「はい。そうです」

「最近は、どうですか？　これまでのようにできていますか？」

「いいえ……。これまでのようにはできていません。仕事は忙しくなっているので、少しずつ睡眠時間を削っています。気心の知れた同僚と話す時間も減っているし……。オフは義母の件も気になるので、お見舞いに行ったり、行かなくてもなるべく自宅で待機しておかないとなあ、という意識があり早めに帰宅していますす。休日も家で過ごす時間をなるべく多くとるようにしていますから……」

「そうですよね。おうかがいした最近の状況からは、そういう生活ですよね」

「あ、じゃあ、そこを元に戻して、仕事帰りに食事に行って同僚とおしゃべりしたりとか……、もしくは休日にスポーツをするようにすればいいのでしょうか？」

自分でそう言いながらも、彼女は首を傾げています。

「そうですねえ。確かにそうできればいいのかもしれません。ただ、元々はそういうことをすると楽しかったのでしょうけど、今の生活でそれをやってみたとして、楽しい時間になりそうですか？」

彼女は首を横にふります。

「うーん。いえ……。今やったとしても、楽しくないかもしれません。そもそも、そうしたいとはあまり思えないので……、無理にそういう時間をつくったとしても、余計に忙しく感じて、またイライラするかもしれないな、と思います」

「そうかもしれませんね。そうすると、心と体を休めるためには、これまでとはまた違う方法を検討した方がいいかもしれませんね」

「はい、そうかもしれません」

「ヘイワさん自身としては、どうすれば休むことができそうですか？」

「さあ……。それがわかれば苦労しないのですが……」

「確かに、今の状況としてはそうかもしれませんね」

「はい」

「私がここまでにうかがってきたヘイワさんの状況から考えられるひとつの可能

性としては、〝人とのつながりを感じながら、休む〟と楽になっていかないかなあ、ということです。そう言われてみてどう感じますか？」

「いや……。人とのつながりを感じながら……ですか？　はじめて聞いたことなので、どうすればいいのか……、うまくイメージできないですね」

「そうですよね。では、心と体を休めるという点については、どうですか？」

「確かに、改めて考えてみると、疲れている面はあると思いますから、うまく休めたらいいなとは思います」

「なるほど、そうですか。わかりました。それでは休み方を少しずつ整理してみましょうか？」

「はい」


ここで紹介するヘイワさんと私との話はここまでになります。

ここからは「心と体を休めるための方法」を考えていくことになりますが、その前に私たちは一点押さえておくべきことがあります。

それは、本章の冒頭でも述べたように、「休む方法」を検討するよりも先に、

「休むべきとき」を知ることがまず大事だということなのです。

それは、ここでのヘイワさんの様子からもわかっていただけたのではないでしょうか。

そう。そのため、ここでは〝休むべきとき〟のサインについて、まず整理してみることにしましょう。

それは「休みどきのサイン」①
些細なことにイライラしやすい

まず、私たちは疲れてくると、今回のヘイワさんがそうであったように、普段よりも**イライラしやすい**、と感じることが多いものです。これは、誰しも経験していることだと思います。

「仕事はたくさんあるのに何も手に付かず、ボーッと悩みながらムカムカしている」

とか、

「あれ？　普段ならこんなことでイラッとしたりしないのになあ……」

と思うときには、やはり**それ相応の事情がある**のです。疲れているときには、人と接するときに心のあたたかさや優しい気持ちを感じる余裕がなくなってしまうのです。

そうです。

逆の言い方をすると、人とのつながりを感じるためには、疲れを癒やしてそれ相応の余裕を保つ必要があるのです。

それは「休みどきのサイン」②
心配性になる

イライラしやすくなることに加えて、疲れてくると、細かいことが気になってしまいしょうがない、というように、不安感が強くなることがあります。その不安感が強い傾向は、もちろん人間関係にも影響が及びます。

たとえば、不安になると、

「誰かに傷つけられはしないだろうか」

と、警戒するため、普段より体もこわばり、他人の発する言葉に過度に敏感になる場合があります。

また、

「自分の発言が、誤解を生んではいないだろうか」

と、相手が自分をどう見ているのかということが気になり心配することが増える場合もあります。

いずれの場合も、そもそも、まだ今のところは、誰からも傷つけられていないし、他人から誤解をされているわけでもないため、こういうおそれの気持ちは手放していくしかありません。おそれを手放すとは、たとえば、

「仮に他人が自分にどういう言葉をかけようともそれは相手の事情。自分は傷つかないし、もちろん自分は被害者というわけではない」

とか、

「誤解されたとしても、その受けとめ方は相手の領域での問題だから、自分が気にすることはない」

という具合に考え直していくことになります。しかし、疲れているときには、そういう余裕がないため、おそれを抱き続け、悩み続けてしまいがちです。

だからこそ、まず気持ちの余裕を取り戻すためにも、心と体を休ませるときだと、気づく必要があるのです。

それは「休みどきのサイン」③
眼差しが冷たくなる

ここまでに整理してきましたが、私たちは疲れを感じていると、おそれの気分が大きくなってきます。**おそれの気分は、私たちが大事にしたいと願っている人間関係によくない影響を及ぼしてしまうものです。**人間関係において、どういう影響が出るかというと、**私たちが目の前にいる人へ向ける眼差しに変化が出てくるのです。**

ただ、眼差しとは、自分で感じる類いのものであるため、ニュアンスとしては理解できるけど、具体的に何を言っているのかが、少しわかりにくいかもしれません。

大丈夫です。

少し、別の方向から説明してみましょう。

ここでは、目を閉じて思い浮かべてみて下さい。

まず、家族、配偶者やパートナー、親友、友人、困ったときに相談できる職場の同僚や上司、後輩……といった、私たちがその存在自体をありがたく大切に思っている人々の顔を。その人たちに日ごろの感謝の気持ちを伝えるところを想像してみて下さい。

そういった大事な人々を思い、感謝するとき、どういう気持ちになるでしょうか……。

次は、ポカポカとした心地よい陽気に包まれた公園で、桜並木の下を歩いているとします。桜吹雪の中、ひらひらと舞い落ちる花びらを追っかけてヨチヨチ歩きの幼児が笑い声をあげている様を想像してみましょう。

こういう場面に遭遇したとき、私たちはどういう表情になっているでしょうか……。

さて、それぞれの状況における私たちの眼差しはどういうものでしょう?

いずれの場合もきっと、**私たちは優しくあたたかい眼差しをしていることでしょう。**

この眼差しで他人を見つめるとき、私たちの人間関係はうまくいっていますし、人づき合いは私たちにチカラを与えてくれるものだと実感できていることだと思います。

さて一方で、私たちは疲れているときには、この他人へ向ける眼差しが変化してしまいます。

特に人間関係で疲れてしまっているときには、私たちは**冷ややかな眼差しをしています。**

そして、そういう眼差しを通して私たちの目に映る他人は、たとえば、

「私を傷つけることを言うかもしれない」

という警戒すべき相手になっていたり、

「私の言葉を誤解するかもしれない」

という心配の種になる相手になっていたりするのです。

そういう**『眼差しの変化』に気づいたら、疲れている自分をケアしていきまし**

よう。

心と体を休ませて、疲れが癒えたら、きっと私たちはあたたかい眼差しを他人へ注ぐことができる自分へと戻っていることでしょう。

私たちは、疲れているとき、つまり「休むべきとき」を早めに自覚するために、どういう眼差しを他人へ注いでいるのか、ということに焦点を当てて自分をみつめるようにしたいと思うのです。

それは「休みどきのサイン」④
体がこわばる

疲れているときには、もちろん**体の状態**にも変化が現われてきます。

そうそう。ここで登場してもらったヘイワさんの話にも体の状態についてのお話が出てきていました。覚えていますか？

ヘイワさんは、体中のアチコチに凝りや痛みなどを強く感じるようになっていました。

実は、私たちはイライラしたり不安になったりするとき、体に無駄な力が入ってしまうんです。

そのため、疲れていて、おそれを抱きやすい心の状態のときには、その影響もあり筋肉は緊張した状態が普段よりも長く続くことになります。そのため**全身がこわばってしまう**、ということにもなるのです。

ただ、人間は不思議なもので、**体の緊張をほぐしてあげると、心もリラックス**

することができます。

たとえば、人前で話をしないといけなくて緊張しているときには、

「肩の力を抜いて」

「深呼吸して」

と、声をかけることからも、体の反応が心へ及ぼす影響について経験的に知っているわけです。体の緊張をやわらげていくことで、心もゆるませるようにしたいものです。

＊疲れているときには、『もっとがんばる』と無理せず『休むべきとき』と自覚する

ここまでに見てきたように、私たちは誰しも人間関係に疲れることがあります。疲れていると、おそれの気持ちが大きくなるため、

「こんなにつらいことがこれからも続くのかなあ……」

と、未来のことも悲観的に考えがちです。そういうときには、不安を振り払おうと無理にポジティヴな方向へ気持ちを持っていこうとすることがあります。そのため、

「こんなことくらいで疲れていられない。もっと！　もっと！　とにかく、もっとがんばらなきゃ！」

と、やみくもにがんばることを選びがちです。先ほども述べたように疲れているときは不安になりやすいため、**「自分はこれ以上ないくらいに、がんばっている」と思えていないと不安で**不安でしょうがないのかもしれません。

もちろん、がんばることは悪いことではありません。

しかし、こういう場合、私たちのがんばり方というのが、

「イヤな気持ちは、がんばって押し殺して」

「苦手な人だけど、がんばって笑顔をつくって」

「心配してしまうけど、がんばって明るく考えて」

という具合になっていることがあります。

これでは、つらいだけですよね。

人間関係は元々、私たちにチカラを与えてくれるものであるということを思い出すどころか、つらくてしんどくてしょうがないだけのもの、という風になってしまいかねません。

だから、疲れたときには休みましょう。

休むときだ、と観念しましょう。

ゆっくりと休めれば、自然に本来の気持ちを取り戻していけます。

本来の優しい気持ちを取り戻すために、疲れたら、休みましょう。

ここまでに、休むべきときを自覚するサインについて整理してきました。

みなさんは、どうですか？

今後に活かしていけそうですか？

ここで挙げたようなサインがあるんだなと頭の片隅に置いておけば、自分を客観的にみる上で役立ちますし、徐々にであっても時機をうまくつかむことはできるようになります。焦らずにいきましょう。

さて、ここからは、休むべきときを自覚した私たちの「心と体の休ませ方」についで整理していくことにしましょう。

心と体の休ませ方・ステップ①

やはり「睡眠」は大事

ぐっすりと眠れたときって、どんな調子でしょう?

直近で、

「あー! よく寝たっ!」

と思わず声を上げるほど熟睡したときのことを、思い出してみてください。

ぐっすり眠ったあとというのは、それだけでかなり身体的な心地よさを感じるものですし、思わず顔もほころぶほどすっきりしています。

気分的にも、

「特に理由も目的もないけど、何となく遠出したくなる」

ような、楽しく明るい気分ですよね。そのため、家族や友人を誘い、実際に外出して遊びに出かけたりしたこともあるのではないでしょうか。

ぐっすりと眠ったあとは、何を計画してもいいことが起こりそうに感じますし、また何をしても楽しく感じられるから不思議です。

さて、それでは、私たちの最大の関心ごとである人づき合いについてはどうでしょうか。

たとえば、仮にいっしょに外出しようと誘った友人があまり乗り気でなかったとしたらどうでしょう？　ちなみに前の週にはその友人の誘いがあったため、本音を言えば家でゆっくりしたかったけど、気をつかっていっしょに出かけたという背景があるような場合です。

「もう！　つき合い悪いなあ」

と、いつもならちょっとプリプリしている頭の中の声が聞こえて、「人間関係って面倒だ」と、疲れはじめているかもしれませんが、それが熟睡したあとだと、

「もう……。残念だけど、急に誘ったんだからしょうがないか。別の人に声をかけてみようかな」

と、そもそもの希望である誰かといっしょに外出するということだけに焦点が当たっていて、気持ちを難なく切り替えられるかもしれません。

気持ちに余裕があるというわけです。

この場合〝気持ちの余裕〟は基本的なコンディションを整えることによりもたらされるものです。

それくらい、睡眠をしっかりととるということは私たちにとって重要なことです。しかも、睡眠をしっかりとることに取って代わるような方法は他にないのです。

ですから、人間関係に疲れているときには、とりあえず**すべてを放り出すくらいのつもりで、まず寝ましょう。**しっかりと睡眠をとると、身体的にも軽くなりますし、さらに気持ちの余裕も回復するため、人と接するときにもその人に対して思いやりを向けている自分に気づいたり、反対にちょっとした心づかいも素直にうれしかったりと、人とつながっていることを感じやすくなると思います。

心と体の休ませ方・ステップ②

心が疲れたら、体をほぐす

人間関係に疲れたとき、その疲れは体にも及びます。頭痛、肩こり、腰痛に悩まされることも少なくないでしょう。それは、やはり警戒心や不安で緊張してしまい、全身がガチガチになる時間が増えてしまうからなんです。そういうときって、とてもつらいものです。

また、そういう体の状態こそが、私たち自身が疲れていることを気づくためのサインのひとつであるということを、先ほどまでに確認しました。

凝り固まりカチンコチンになった体は、

「疲れているんだからしょうがない……」とか、

「仕事をしていれば誰だってこうなる」もしくは、

「大人なんだから、これくらい我慢しないと……」

などと、放置することなく、**その都度その都度、丁寧にほぐしていきたいもの**

です。

体をほぐしていこうとするとき、私たちは、

「じっくりと伸ばすこと」

そして、

「じんわりと温めること」

の2つを実践するとよいでしょう。

まず、体をじっくりと伸ばすためには、ストレッチをするといいですね。その場合、体を伸ばしながらゆっくり息を吐くことを意識すると、なおいいでしょう。というのも、私たちは息を吐き出しながら、同時に体に力をこめることはできないからです。

ゆーっくり、ゆーっくりと、息を吐き出すことだけに集中して、大きな筋肉、つまり背筋を伸ばしたり、伸脚したりするようにしましょう。

じっくりと体を伸ばし、無駄な力も徐々に抜けてきたら、次は、体を温めてい

きましょう。実は、ストレッチをして体を伸ばしながら、ゆっくりと息を吐くことを何度も繰り返すだけでも、体はかなり温まってきます。

そのため、これだけでも体はだいぶほぐれますが、人間関係で疲れているときには、さらにじっくりと温めていきたいですね。**普段より長めに時間を設けて入浴してみましょう。**

ゆったりと湯船に浸《つ》かり、体がじんわりと温まってくると、人間関係で悩んでいたとしても、

「まあ、長い人生、こんなこともあるか」

と、その悩みが取るに足らないことのように思えたり、気持ちを切り替えられたりもします。

このように、**伸ばしてそして温めて、体がほぐれるにつれて、心もほぐれてきます。**

イメージ的には、心がやわらかくなってくるように感じられます。そして、このようにして、やわらかくなってきた心は、人づき合いをする上で、柔軟でしなやかな受けとめ方や対応を生み出すことにつながっていくのです。

心と体の休ませ方・ステップ③

「見方」をほんの少し変えるだけで不満も消える

決して焦ることなく、ここまでの歩みを進めてきた私たちの心は、とてもやわらかくなってきています。そして、やわらかくなってきた私たちの心は、状況に応じて形を変えることができるようになります。

そうです。

つまり、心がしなやかさを取り戻し、臨機応変に柔軟な対応が可能になってきたのです。

しなやかな心は、偏った見方や考え方、そして決めつけなどに囚《とら》われて憔悴《しょうすい》しきっていた自分自身を、解放してくれます。さらに、物事を柔軟に捉え、独りよがりに陥ることのない、穏やかな心へと導いてくれます。

穏やかな心とは、癒やしの状態です。

ここでは、しなやかになった心で、自分自身を癒やしていくことにしましょう。

私たちは、さまざまな状況や、色々な人々と人づき合いをしながら、社会生活を営んでいます。

日常を生きていくだけでも、本当に色々な状況に直面しますし、本当に色々な人がいます。

そして、疲れているときほど、私たちは、そういう〝状況や他人〟が自分にとってストレスになっていると考えがちです。

しかし、しなやかさを取り戻してきた心では、こう捉え直すことができるようになっていないでしょうか？

『自分以外のものがストレスを生み出すのではない。その時々で、〝ストレスフルな考え〟を選んでいるのは、実は自分自身に他ならない』

疲れが癒えてきて、しなやかさを取り戻した私たちなら、こういう考え方もあるかもしれないな、と素直に受け入れることができるのではないでしょうか。

では、ここで言う「ストレスフルな考え」とは、どのようなことになるのでしょうか？

先ほども述べたように、私たちは日常を生きる中で、色んな状況に直面しますし、色んな人とつき合います。

そして、そのときそのときで、実は、私たちそれぞれが持っている価値観で、さまざまな『決めつけ』や『決めつけに基づいた非難』を行なっています。

『決めつけ』というのは、たとえば、

「え？　何、この人……変わった人っぽいわねえ」

とか、

「イヤな人っぽい感じがする……。だって、普通、あんなこと言わないもの……」

というようなことってありませんか？

確かに、ちょっと言葉を交わしただけで、

「〇〇っぽい」

という印象を受けることがあります。しかも、そういうことは結構頻繁にあります。疲れているときほど、「〇〇」に当てはまる言葉は、

「いやな人」

「意地悪」

「変人」

などという具合になり、同時に不快な気分を抱きます。

ただ、実は、こういう「○○っぽい」という風に他人を色眼鏡で見ては、不機嫌になってしまうことで、私たちは、自分自身の心の疲れを強めています。


私たちが、「○○っぽい」と考えることで得られるものは、実は自分自身の心の〝疲れ〟だけなのです。

決して、

「いやな人っぽい印象を与えてしまい申しわけありません。今後、そういうことのないよう気をつけますので」

と、**相手が詫《わ》びてくれることはありません。**

「○○っぽい」という考えは、私たちのこれまでの経験が根拠になっている『決めつけ』にすぎないですし、それを考えることで、イライラさせられているように感じたりします。しかし実際は、**イライラ〝させられる〟なんてことはなく、**

イライラすることを自分で選んでいるだけなんです。

このような決めつけを行なわずに、もしくは一度決めつけたとしても、

「あ、これは自分がよくやる『決めつけ』にすぎないな。あぶない、あぶない。決めつけないようにしよう」

と、思い直すことができれば、心は大分癒えますし、目の前にいるその人との人間関係は、決めつけないと思い直しただけでも、悪くならずに済むかもしれません。

第一印象があまりよくなかったのに、その後親友と呼べるほど仲よくなった、という場合は、このような決めつけをうまく手放せた場合かもしれません。

◇疲れを強めるこんな考え

『決めつけ』と同様に、私たちの心のエネルギーを奪うことに、『決めつけに基づいた非難』があります。

たとえば、

「何で……!?」

とか、

「どうせ……!!」

と考えるとき、それは『決めつけに基づく非難』であることが多いものです。

「何で、そんなことを言うの!?」

と考えるとき、

「そんなこと、言うべきでない」

という決めつけと、

「言うべきでないことを、何で言うの？」

という非難が頭の中に渦巻いています。

また、

「どうせ、私のことをバカにしているんでしょ!!」

と考えるとき、

「私をバカにしている」

という決めつけと、

「バカにすることで、私に被害を与えている。あなたは加害者。つまり、悪いのはあなたよ!!」

という非難する気持ちでムカムカしているのです。

私たちは、自分の身を守ろうと思うあまり、他人の様子に目を光らせます。しかし、他人の振る舞いに過敏になってしまうと、このように『決めつけに基づいた非難』を行ない、自分自身の心を乱し、疲れを強めていくという悪循環に陥るのです。

そうです。

この悪循環に気づいたら、そういう考えをリセットしていきましょう。

仮に相手が、実際に失礼なことを言ったとしても、また私たちのことをバカにした目で見たとしても、それは相手の領域の問題だと、思い直しましょう。第4章でもふれましたね。

何を言っても、それは相手の自由です。つまり相手の領域の問題です。

同時に、何を言われても構うことなく穏やかに気持ちを保つことも、私たちの自由ですし、ここは私たちの領域の問題なのです。

そうなんです。

私たちには、自分自身の心を穏やかに保ち、すなわち癒やしの状態をキープする自由があるのです。

心と体の休ませ方・ステップ④

大切な人とのつながりを、しっかりと味わう

『決めつけ』と『非難』を手放すことに成功して、

「これだけでも、こんなに楽になるんだー！」

と、既に癒やしを実感したという方もきっとたくさんいることでしょう。

癒やしの状態を感じると、病みつきになるので、何度でも味わいたくなります。

実際に癒やしの状態を味わってみるとわかりますが、とても楽な状態です。

ぜひ何度でも繰り返し、たとえ最初はうまく行かなくても、それこそ何度でも『決めつけ』と『非難』を手放すようにして行きたいものです。


このようにして私たちは、心も体も休息がとれて、さらに癒やしを得ることもできるようになってきました。

人づき合いで、疲れを感じていた私たちですが、ここまでに大分回復してきま

した。

人づき合いでヘトヘトに疲れ、カチンコチンに体が凝り固まっていた状態から回復してきた私たちですが、ここからは、人とのつながりで得られるチカラを再び獲得していき、**『人づき合いで疲れにくい体質』**を目指していくことにしましょう。

そうです。

ここで「再び」と述べたのは、もちろん理由があります。

『そもそも、人づき合いは私たちにチカラをもたらすもの』でした。つまり、私たちはこれまでの人づき合いでチカラを得る経験をしてきているわけなのです。

「はじめに」でも述べたように、私たちは赤ちゃんのころ、まだ言葉は交わせないものの、お母さん（生母に限らず主な養育者）としっかりと心のつながりを持っていました。

ちなみに、ボウルビイ（John Bowlby）というイギリスの精神科医は、この母子間の相互関係、つまり換言すると、「つながり」や「絆《きずな》」のことを「愛着」（アタッチメント：attachment）と呼びました。この「愛着」の形成は、0歳の時期（生後6〜8カ月ごろ）に発達しなければならない課題とされています。

さらに、ボウルビイは愛着の対象であるお母さんと離れた状態にあるとき、つまり「分離」した状態にあるときに赤ちゃんが感じる不安が、人間にとって最大の不安だとしています。

ということは、私たちは生来、この赤ちゃんのころに愛着が形成されて以降においては、人とつながっていないときに不安を感じ、誰かといっしょにいたい、人とつながっていたい、絆を感じたい、ということを望んでいるのです。

これこそが、ここで『そもそも』と表現した、私たちの人づき合いの在り方の原点なのです。そして、私たちは、この原点となっている人づき合いから、やはり大きな、とても大きなチカラを得ていたんです。

これが原点なわけですから、こういう人とのつながりを、再び行なっていくだけでいいのです。

　このように人づき合いからチカラを得ていた私たちは、なぜか、年齢を重ね、さまざまな人間関係を経験するに従って、人づき合いにより傷ついたり、さらにチカラを奪われるようなつらさを感じるようになっていったわけです。

　経験を積めば楽になりそうなものですが、その経験知のせいで、逆に私たちはしんどくなっている面があるのでしょう。

　そのため、ここでは、そもそも私たちが感じていた、あたたかい心のやりとりを取り戻していきたいと思うのです。

　そうすることで、人づき合いは、私たちにチカラを与えてくれるものだという実感をも取り戻していけるのです。

　あたたかい心のやりとりを取り戻していく場合、まず実践したいのが私たちにとって**〝大切な人〟とのやりとり**です。

　〝大切な人〟とは、たとえば赤ちゃんのころだと、もちろんお母さんになります。未成年の人は、両親と兄弟、とても仲のいい親友。

　成人している場合は、パートナーや配偶者ということが多いでしょう。

この大切な人との間に、つながりを感じることができていると、元気に健康を維持することができます。逆に何らかの理由で不仲だったり、コミュニケーション不足で理解し合うことができないでいると、心のバランスを崩してしまう可能性もあるほど、私たちにとっては〝大切な人〟とつながっていることは大事なのです。

こういう〝大切な人〟とのあたたかいやりとりを意識して、しっかりと味わっていくと、私たちにはチカラと勇気が湧き出てきます。そうすると、〝大切ではない、その他の人たち〟との人間関係についても、しっかり向き合い、うまくやっていこうと思えるようになります。

しかも、この〝大切な人〟としっかりつながるためのやりとりは、特別なことでなくてもいいのです。ただ、**次の3つのことをしっかりと実践**しましょう。

これは、お互いがつながること、つまりしっかりとコミュニケーションをとることが目的ですから、私たちだけが一方的に行なうよりも、普段から話し合っておいて、両者で実践していく方が、お互いにとってチカラとなる、心のつながりを実感できると思います。

さて、ここで実践する3つとは、まず、

一日の中で最初に顔を合わせたときと、床に就く前には必ず『あいさつ』をする。

つまり、『おはよう』と『おやすみ』です。

これは、たとえケンカをしているときであっても、**必ず声に出して行なうこと**がポイントです。

親しい間柄の人とケンカをすると、お互いに押し黙ったままになることがよくあります。でも、ケンカをしてさらに黙りこくっている状態というのは、**お互いのつながりを遮断しているロス・オブ・コミュニケーションの状況**です。つながることでチカラを得たい私たちにとってこの状況は、なるべく早く回復したいですよね。だから、必ずあいさつをきっかけとして、コミュニケーションの機会を作り出すようにしましょう。

2つめは、

相手の考えを、わかったつもりにならない。

自分の考えていることは、言わなくても態度でわかっているだろうとは思わない。

これをスローガンのように唱えてみましょう。これは、コミュ力アップのための要点でもあります。そのためこのことを念頭に、丁寧にコミュニケーションをとるようにするのです。親しい人と不仲になる原因は、お互いの理解がズレているということがとても多いのです。そして、そういう場合、コミュニケーション不足が背景にあります。つまり、わかってもらえるまで話していないし、わかるまで聞き出していないのです。

自分の考えや気持ちを言葉にしましょう。

相手の状況や気持ちをどのように理解しているのか、それは相手の思っていることとズレていないか、丁寧に確認しましょう。それを繰り返すことは、私たちの心のつながりを強いものにしてくれます。

３つめは、

相手が自分のためにしてくれたことには、必ず声に出して「ありがとう」を伝える。

これも、当然のことですが、親しい人との間では「いちいち、言わなくてもいいだろう」「ありがたく思っていることくらい伝わっているだろう」と思いがちであったり、「照れてしまう」ということが起こりがちです。

しかし、**私たちの気持ちは言葉にしない限り決して伝わりません。**

これも実際にやってみると、日常的なこと、たとえばお茶をいれてくれたときなどに、「ありがとう」と伝えると、そう言われた側だけでなく、言った側も、**心がポカポカしてきます。**これも、とても心地いいもので、やみつきになるくらいです。

よく耳にすることではありますが、「感謝」の気持ちは私たちに幸せをもたらすものなのですね。

〝大切な人〟としっかりとつながっていると、それ以外の他人からの扱われ方で傷ついたり疲れたりしても、それを引きずらずにすむようになる可能性がうまれます。それどころか、どういう扱いを受けたとしても、自分はその相手でさえも大切に扱っていこう、という風にさえ思えるようになるかもしれないのです。私たち自身がそう思えていれば、もう人づき合いで悩むようなことはありませんし、疲れて、しんどく感じることもありません。

それはまるで、体質が変わったようなものです。

たとえ悩んでエネルギーを浪費したとしても、〝大切な人〟とのあたたかいやりとりを通して、またチカラと勇気を感じることができるのですから、心配ご無用なのです。

心と体の休ませ方・ステップ⑤

自分の中にもともとある「やさしい気持ち」に気づく

一日の仕事を終え、帰宅時の電車でたまたま座れると、「ラッキー！」と予想外にうれしく感じることがあります。

私たちは頭で考えているよりも実際には結構疲れているものです。

そういうたまたま座れてよろこんでいる私たちの目の前に、大きな荷物を抱えたお婆《ばあ》ちゃんが杖《つえ》をつきながら乗車してきたとしたら、私たちはどうするでしょう？

黙ってうつむきますか？

おもむろに鞄《かばん》から書類を取り出して、忙しそうに読みふけりますか？

寝たふりをして、気づかなかったことにしましょうか？

……などなど、もっとたくさんの選択肢がありそうです。実際の私たちの行動の一つひとつには、実に多くの選択肢があるものです。

ただ、思い出してみましょう。私たちが、そもそも座席に座ることでよろこんでいたのはなぜだったでしょうか。


体が痛くて立っていられなかったのでしょうか？

急いで書類を整理する必要性に迫られていたのでしょうか？

吊革《つりかわ》につかまったまま居眠りしてしまうくらい、眠かったのでしょうか？

いいえ。

違いますよね。

心身共に楽に感じられるからでした。

では、私たちは、目の前のお婆ちゃんが、電車に揺られて転びそうになりながら立っている姿を横目で眺めながら座り続けたとして、楽な気持ちのままでいられるでしょうか？

こういう場合に、**私たちが楽になる行動の選択肢**は、ここで改めて確認するまでもないことだと思います。

私たちは、困っている人を見ると自然に湧き出てくる気持ちがあります。

この場合、改めて確認していませんし記載もしていませんが、私たちに思い浮かぶ行動の選択肢は、きっと同じはずです。

そうなんです。

私たちには、元々、**困っている人を放っておけない気持ちがあります。**そのため、その元々持っている気持ちに抗《あらが》うかのように、見て見ぬふりをしてしまうと、心が苦しくなってきます。

心が楽になるには、困っている人のチカラになってあげたいと思う気持ちに素直に従うしかありません。

そうすると、心は楽になります。さらに、もし、お婆ちゃんが、

「どうもありがとう。助かります」

と、笑顔で頭を下げてくれたとしたら、どうでしょう。

私たちの心と体は、何とも言えないあたたかいもので充たされて、疲れも吹っ飛び、それどころかモリモリ元気になってくるような感覚が得られることもあるかと思います。

この感覚はしっかりと味わうようにしたいものです。

これは、人とつながることで得られるチカラのひとつでしょう。

私たちが元々持っている、このような優しい気持ちの存在を意識するようにしましょう。

自分にも、そういう優しい気持ちがあるんだな、と感じることができると、心と体はポカポカしたものでいっぱいになります。

このポカポカとしたあたたかいものを感じることは、心と体が休まるだけにとどまらず、さらにチカラが得られることにもなります。

あ、そうそう。

別に電車で席を譲るような機会に遭遇しなくても大丈夫です。

「自分でチカラになれることは何かないだろうか」

「何か、困っていることはないでしょうか」

と、そういう眼差しで人と接してみましょう。

それだけで、十分に心はあたたかくなり、安らぎとチカラを得ることはできます。

おわりに

◎もう、大丈夫。
あなたは「人づき合い」をもっと楽しむ準備ができています！

私たちは、コミュニケーションをとることや人づき合いが〝ストレス因〟になることを知っています。また、一方でコミュニケーションをとることや**人づき合いでなければ得られないチカラもある**ということも知っています。

だから、何とかして良好なコミュニケーションをともなう人づき合いを構築していきたいと思い、ＤＶＤや本を購入したり、役立ちそうな講演会に出席したり、身近にいるメンター役の人に相談したりするのでしょう。

そうやってコミュニケーションや人づき合いについての知識を増やしたり、人生経験の豊富な人が確立してきたコツを学んだりしていくわけですが、次の段階として、それを**上手に活用していける人**と、**逆に余計にうまくいかなくなってい**

く人が出てきます。

おそらく、まったく同じ知識を得ていて、同じ人から同じ言葉でアドバイスをもらったとしても、それを元にコミュニケーションや人づき合いが好きになる人もいるし、余計に苦しくさえ感じるようになる人もいることでしょう。

少し不思議な気もしますが、そう言われてみて、実際に知り合いの面々を思い浮かべると、やはり両方のタイプがいるものです。これは、誰しも納得できるところではないかと思います。

コミュニケーションも人づき合いも、**テクニックやスキルを追い求めていくと、それに縛られてしまう可能性が強くなっていきます。**何かに縛られてしまうと、私たちの人生は窮屈なものになってしまいますし、この場合には、人づき合いで大きなチカラが得られる、ということを感じることは決してできません。

そうです。

本書における、基本となる考え方とは、

「本来、コミュニケーションとそれにより育まれる人づき合いは、私たちに大きなチカラを与えてくれるもの」

というものです。

ここで言う大きなチカラとは、コミュニケーションや人づき合い（のストレス）から自由になれるということでもあります。

そもそも、私たちが上辺だけのテクニックに目がいってしまうときというのは、「上手にコミュニケーションや人づき合いをして、得をしよう」という「求める」気持ちが強いときかもしれません。

ただ、たいていの場合、私たちは「求めるもの」を他人から奪うことはできません。また、「求める」モードのときには、私たちに大きなチカラをもたらす、あたたかい気持ちのつながりを感じることもできませんよね。そのため、人づき合いのストレスが強くなる一方になってしまいます。

こうやって考えてみると、私たちがどのような姿勢でコミュニケーションと人づき合いに向き合っていくのか、ということがやはり重要なのです。

実は、コミュニケーションや人づき合いをしながら、私たちを一番悩ませているのは自分の一部でもある心の声なのです。

私たちの心の声は、いつも誰かのことを評価し非難しています。そして、この心の声に耳を傾けていると、私たちは安心したり穏やかな気持ちでいられないので、目の前にいる人とのコミュニケーションにも、そしてつき合いにも大きな影響が出ます。

私たちが安心を感じていないときには、それと同様に目の前にいる人も、安心を感じることはできなくなります。安心を感じられない人といっしょにいる時間というのは、私たちの誰にとっても苦痛でしかありません。そういう人といっしょにいる時間を私たちはストレスと感じ、悩み苦しむのです。

ただ、この心の声は、私たちが親切な気持ちや、優しい気持ちを感じているときには、静かになっています。そのため、そういうときの私たちというのは、自分でも不思議に感じられるくらい、心が平和になっているはずです。

他人への攻撃、怒り、将来への不安、後悔や自責、そういう気持ちに囚われていないのは、目の前の人と心がしっかりつながっているときなのです。

そういうことからすると、心の平和を感じているときの私たちというのは、心の声に囚われている身ではなくなっているはずです。自分を客観的に見つつ、自身とコミュニケーションをとる力が向上している状態でもあります。

そういうとき、私たちは正に自由の身になっているのです。

あたたかい気持ちを味わえて、安心を感じ、そして自由になる。

私たちは、そういうコミュニケーションと人づき合いを目指したいですし、そうなるための姿勢をこれからも日々整えていくようにしたいと思うのです。

本書は、二〇一四年十二月、書き下ろし単行本として三笠書房より刊行された『不思議なくらい「人づき合い」がうまくいく心の処方箋』を文庫化にあたり、『もっと人生ラクになるコミュ力UP超入門書』と改題したものです。

本文デザイン　斉藤啓（ブッダプロダクションズ）

備瀬哲弘の本

精神科ER　鍵のない診察室

うつ病で自殺未遂したサラリーマン、幻聴に怯える若者、単身赴任中に妻子を亡くしてパニック発作を発症した男性……心の病に苦しむ人々と真摯に向き合う、精神科医のヒューマンドキュメント。

集英社文庫

備瀬哲弘の本

大人の発達障害

アスペルガー症候群、AD／HD、自閉症が楽になる本

身の周りにいる「ちょっと変わった人」は、なぜ周囲の人とうまく付き合うことができないのか？　現役精神科医の著者が10のケースから、発達障害を徹底解説。読めば、本人も周囲の人も楽になれる！

備瀬哲弘の本

精神科医が教える「怒り」を消す技術

日々の生活での「怒り」や「イライラ」は、人を遠ざけ、人生に不利益をもたらす原因⁉ 怒りの感情にうまく対処できるようになれば、人生の幸福感は必ず増すはず。現役精神科医が、人間関係を楽にするコツを伝授！

集英社文庫

もっと人生《じんせい》ラクになるコミュ力《りょく》UP《アップ》超入門書《ちょうにゅうもんしょ》

2018年4月25日 第1刷　　定価はカバーに表示してあります。

著　者　備瀬哲弘《びせてつひろ》

発行者　村田登志江

発行所　株式会社 集英社
東京都千代田区一ツ橋2-5-10　〒101-8050
電話【編集部】03-3230-6095
【読者係】03-3230-6080
【販売部】03-3230-6393(書店専用)

印　刷　図書印刷株式会社

製　本　図書印刷株式会社

フォーマットデザイン　アリヤマデザインストア　　マークデザイン　居山浩二

ISBN978-4-08-745729-2 C0195